Sascha Wuillemet · Andrea-Anna Cavelius

Zu sich selbst finden

Die schönsten Mandalas zum Ausmalen

64 Malvorlagen

Bechtermünz Verlag

Inhalt

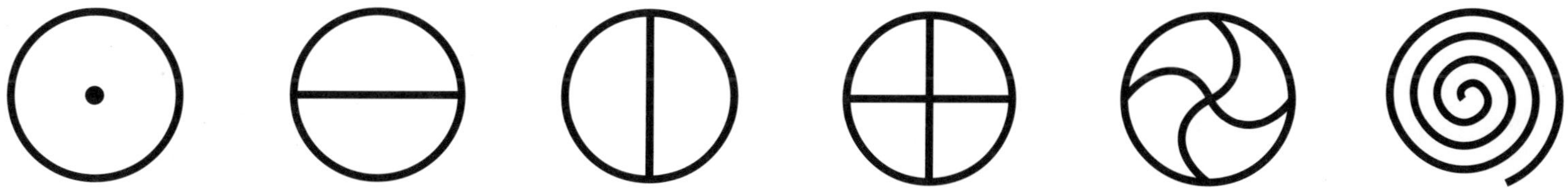

Vorwort

Eine der wirksamsten und zauberhaftesten Methoden, sich auf kreative Weise zu beschäftigen und sich dabei wieder in seine Mitte zu bringen, ist die Beschäftigung mit Mandalas. Diese magischen Kreisbilder sind heute festes Inventar anthroposophischer Erziehungskonzepte und kaum mehr aus dem Schulunterricht oder dem Kindergarten wegzudenken. Doch auch für immer mehr Erwachsene gehören Mandalas zur vertrauten Hilfe, wenn es darum geht, sich über sich selbst klarzuwerden oder Lebensziele neu zu bestimmen. Sie ergänzen sinnvoll den Kanon der uns heute zur Verfügung stehenden methodischen Entspannungsübungen, werden als Zusatz zur Gesprächstherapie empfohlen und ersetzen diese nicht selten.

Mandalas, Heilmittel für die Seele

Durch die besondere Struktur des Kreises, der mit Symbolen und Formen gefüllt ist, die symmetrisch um einen Mittelpunkt herum angeordnet sind, lenkt das Mandala den Blick und die Bewegung des Betrachters oder des Malenden immer in die Mitte. Dieser Prozess, dem man sich nur schwerlich entziehen kann, geschieht unbewusst. Wenn man sich dem Vorgang allerdings ganz bewusst aussetzt, indem man ein Mandala beispielsweise nur still betrachtet und auf sich wirken lässt oder ausmalt, nutzt man dessen konzentrierende Kräfte für sich selbst. Man wird ruhiger, die Gedanken hören auf zu kreisen, man sammelt sich und gerät in einen Zustand, der der Meditation sehr ähnlich ist.

Dieser Zustand schenkt Entspannung und lässt die Energien wieder fließen. Er hilft dabei, sich selbst neu zu entdecken, sich zu ordnen und innere Prozesse auf den Weg zu bringen; zu heilen und sich selbst-bewusst zu fühlen. Bei regelmäßiger Übung erleben wir eine Festigung unserer Persönlichkeit und können uns selbst und der Wirklichkeit, die uns umgibt, angemessen begegnen.

Die Verschmelzung von Körper, Geist und Seele

Jedes Mandala hat die Kraft, Geist und Seele zu sammeln und das Zerstreute wieder auf den Mittelpunkt, aus dem es stammt, zurückzuführen. Nicht umsonst taucht es in verschiedenen Religionen, wie zum Beispiel dem Buddhismus, als meditative Bildvorlage für die Gläubigen auf.

Jedes Mandala, das wir intuitiv schaffen, ist Abbild und Ergebnis eines bestimmten Seelenzustandes und gleichzeitig Werkzeug, das uns dazu bringt, uns mit diesem Zustand auseinanderzusetzen und ihn positiv zu lösen. Die kreative Beschäftigung mit Mandalas lässt schließlich Geist, Seele und Körper zu einer Einheit verschmelzen.

Mandalas für Kinder und Erwachsene

Wir haben für Sie die 64 schönsten Mandala-Motive zusammengestellt, die Sie ausmalen können; Sie finden Sie ab Seite 17. Vielleicht kennen Sie das eine oder andere Mandala bereits aus unseren beiden Büchern »Zur Stille finden: Mandalas malen« und »Zur Mitte finden: Natur-Mandalas malen«, die noch viele weitere schöne Malvorlagen enthalten. Neben den Motiven für Erwachsene, die in ihrer Gestaltung etwas abstrakter gehalten sind, finden Sie dort auch Mandalas für Kinder mit gegenständlicheren Motiven. Diese Einteilung soll Ihnen jedoch nur als grobe Orientierung dienen. Sie als Leser können die Vorlagen erst einmal in Ruhe durchblättern, auf sich wirken lassen und dann ganz intuitiv entscheiden, an welcher Sie arbeiten möchten. Größere Kinder werden an den Motiven für Erwachsene genauso viel Freude haben, wie Erwachsene am Ausmalen der wunderschönen Kindermotive.

Entdecken Sie Ihre eigene Kreativität!

Bei der Bearbeitung »Ihres« Mandalas können Sie zwischen mehreren Möglichkeiten und Techniken wählen. Dies gilt auch für diejenigen, die fest davon überzeugt sind, nicht malen oder zeichnen zu können. Jeder Mensch ist kreativ, im Zweifelsfall hat er verlernt, diese Energie einzusetzen. Wir schlagen Ihnen Methoden vor, die Ihnen dabei helfen, sich zu erinnern und Neues auszuprobieren. Sie finden in unserem Buch sehr einfache Techniken beschrieben, aber auch schwierigere, die sich besonders dann eignen, wenn Sie bereits etwas Übung im Kolorieren haben. Der Kreativität sind beim Mandala-Malen kaum Grenzen gesetzt. Besonders Fortgeschrittenen schlagen wir schließlich ganz verschiedene Methoden vor, ihr persönliches Mandala selbst zu entwerfen. Auch hier gibt es verschiedene Methoden, wie man dies umsetzen kann. Sie alle finden Sie auf Seite 13 aufgeführt.
Ihre Vorliebe für bestimmte Formen und Farben, mit denen Sie das Mandala ausschmücken, gibt Auskunft über Ihre ganz persönliche Situation. Einen Überblick über die tiefere Bedeutung dieser verwendeten Formen und Farben finden Sie ab Seite 14. So können Sie Ihr Mandala selbstständig deuten, Unbewusstes bewusst werden lassen und neue Wege für sich selbst überdenken. Wer sich gerne und lustvoll auf Farben und harmonische Formen einlässt, wird eine tiefe Befriedigung beim Mandala-Malen empfinden und auf eine ganze Welt dabei stoßen – auf sich selbst in allen Facetten und mit allen Entwicklungsmöglichkeiten.
Wir wünschen Ihnen viel Freude beim kreativen Schaffen!

Mandala – die perfekte Form

Der Begriff Mandala stammt aus der alten indischen Hochsprache Sanskrit und heißt übersetzt »Kreis«, »Bogen« oder »Abschnitt«: Im Mandala ist um eine Mitte herum ein kreisrundes Muster gestaltet. Diese ideale Form steht auch für das Nichtsagbare, nur Spürbare. Mandalas beinhalten nicht nur religiöse Vorstellungen und Visionen, sondern auch Träume und Vorahnungen sowie die Möglichkeit für den Meditierenden, zu einem tieferen Verständnis für den Sinn zu gelangen, der hinter allem Seienden steckt.

Baustein der Natur

In einem konzentrischen Mandala können wir neben der spirituellen Dimension auch etwas ganz Alltägliches erkennen, das uns in unserer Geistes- und Seelenwelt ebenso wie in der Natur und im Lauf allen Lebens begegnet.
Das Blatt eines Baumes zeigt uns ebenso jenes Grundmuster wie der aufgeschnittene Baumstamm, ein Spinnennetz, in dem die Tautropfen funkeln, Blütenkelche, Schneeflocken oder aufgeschnittene Früchte. Aber auch unser Lebensraum, die Erde, ist rund, ebenso wie Sonne, Mond und Sterne.
Die Kreisform des Mandala symbolisiert also, dass allem, was lebt, dieselben natürlichen oder kosmischen Gesetzmässigkeiten zugrunde liegen.

Bild der menschlichen Kultur

Mit der symbolischen Kreisstruktur des Mandala drückte der Mensch zu allen Zeiten seine – auch religiöse – Verbundenheit mit der Natur und dem Kosmos aus. So besitzen bereits prähistorische Plätze zur Verehrung von Gottheiten, wie etwa Höhlen, einen natürlichen kreisförmigen Grundriss oder sind auf einem solchen angelegt. Ebenfalls konzentrisch ist der Aufbau von Stonehenge, einem heiligen Platz der keltischen Druiden.
Von anderen Völkern sind Rituale bekannt, die ebenfalls an Mandalas erinnern. So zeichnen die australischen Ureinwohner mit ihren Speeren riesige Kreisformen auf die Erde und beschwören so den Erhalt von allem, was lebt. Auch die Medizinräder der Indianer mit ihrer typischen Mandala-Form gelten als Orte der Meditation und des Gebets. Sie finden sich an Plätzen, an denen die Energie der Erde besonders deutlich spürbar ist; die Indianer nehmen hier mit Hilfe der Kreisform die spirituelle Verbindung zur Natur auf.

Vielgestaltige Kunstform

Doch auch in anderen Kulturen gestalteten Menschen zu allen Zeiten Mandala-Symbole auf religiöse und künstlerische Art. Im asiatischen Raum, der Heimat der Mandalas, entstanden indische Stupas (buddhistische Sakralbauten), chinesische Grabanlagen oder Pagoden. Im islamischen Raum finden sich Mandala-Formen in den Kalligrafien und Arabesken von Moscheen und Kuppelbauten, im christlichen Raum in den Fensterrosetten der Kirchen und Kathedralen des Hoch- und Spätmittelalters. Auch Heiligenbilder, deren Mitte oft ein Heiligenschein oder das Herz Christi darstellt, sind nichts anderes als künstlerisch ausgestaltete Mandala-Formen.

Mandala-Strukturen in der chinesischen Philosophie

Das kreisförmige Tai Ji ist ein Symbol des Uranfangs. In ihm sind Yin – stellvertretend für die Kraft der Erde, das Weiche, Weibliche, Dunkle – und Yang – stellvertretend für den Geist und den Himmel, das Starke, Männliche, Helle – enthalten. So stehen Yin und Yang für die Entgegengesetztheit von allem Seienden. Gemeinsam in einem Kreis symbolisieren sie vollkommene Harmonie. – Mandalas finden sich auch in dem berühmten Buch der Wandlungen, dem I Ging, in dem das Ordnungsgefüge des chinesischen Universums und seine mythischen Traditionen beschrieben werden: Der Kreis Wu Ji – was soviel bedeutet wie Uranfang, Nicht-Anfang – ist hier das Symbol für die ursprüngliche Einheit allen Seins.

Sich selbst erfahren durch Mandala-Malen

Träume, Visionen und Erinnerungen lassen sich in Mandalas leichter darstellen als in einer anderen künstlerischen Form. So kann auch das Ausmalen oder Selberzeichnen von Mandalas den Weg hin zur ruhenden Mitte ebnen, Verletzungen heilen und Veränderungsprozesse einleiten. Während des schöpferischen Akts erlebt man, wie sich der Seelenzustand durch das Malen zum Positiven, Harmonischen und Ausgeglichenen hin ändert.

Heilmittel für die Seele

Unter dem Aspekt des schöpferischen Wirkens und Gestaltens führte der berühmte Psychologe C. G. Jung das Mandala in die Psychotherapie ein. Er erkannte, dass jede Mandala-Zeichnung auf die eigene Mitte zustrebt, und dass sich dieses Prinzip gut auf die seelisch-geistige Entwicklung eines Menschen übertragen lässt: Das Mandala stellt die Seele dar; seine Mitte ist gleichzusetzen mit dem Selbst, welches sowohl die bewussten als auch die unbewussten Anteile unserer Persönlichkeit repräsentiert. Dieses Selbst schenkt der Seele Leben und bewahrt es.
Aus seinen Erfahrungen mit der kreativen Mandala-Arbeit entwickelte C. G. Jung eine bis heute angewandte Behandlungsmethode, mit der er erfolgreich Neurosen und Schizophrenie heilte.

Zauberkräftige Kreisformen

Das Mandala ist durch seine in sich geschlossene Kreisstruktur immer ein Abbild des Vollendeten. Denn der Kreis ist der ausgedehnte Punkt und damit ein Bild des in sich Gleichen und Vollkommenen. Der Kreis ist in sich geschlossen; es gibt kein Voreinander und kein Nacheinander. Deshalb steht er in der christlichen Symbolik auch für das Ewige, das Grenzenlose und die Unendlichkeit. Zu allen Zeiten wurden kreisförmigen Figuren magische Kräfte zugeschrieben. Zauberringe sollten die Menschen im Vorderen Orient vor Unheil und Krankheiten schützen; im alten Griechenland galt der Ring als Zeichen von Freiheit, den kein Sklave tragen durfte. Auch der Kranz aus Pflanzen hatte magische Wirkungen. Wir kennen Totenkränze aus Ölbaumblättern im alten Griechenland, die den Verstorbenen Ruhe sichern sollten. Der Lorbeerkranz reinigte den siegreichen Kämpfer von seinen Taten des Blutvergießens. In der Bibel schließlich steht der Kranz für den Ruhm, für Huldigung und als Ausdruck der Freude.

Zeichen der Schöpfung

Der griechische neuplatonische Philosoph Plotin (205–270 n. Chr.) brachte die Meditation in das westliche Denken ein. Sie prägt seine ganze Lehre. Seiner Vorstellung zufolge setzt die Seele durch die Bündelung der seelisch-geistigen Kräfte zum Aufstieg aus dem irdischen Verhaftetsein an, so dass sie sich letztlich mit dem Ur-Einen – Gott – vereinigen kann. Insofern entspricht sein philosophisches Konzept durchaus dem, was wir in religiöser Hinsicht unter meditativer Versenkung verstehen.

Plotin bezeichnete die Mitte als Vater des Kreises. Diese kann man in Bezug auf Gott und seine Schöpfung sehen, aber auch als unser eigenes Inneres, die Quelle unserer Lebensenergie oder als Heimstatt unserer Seele. Und aus dem Kreis entsteht im übertragenen Sinne das Berechen- und Begreifbare, die materielle Welt. Daher galt der Kreis zu allen Zeiten als Zeichen für die Erschaffung der Welt und ihren Schöpfer.

Der Kreis als das Gute an sich

Die Erde ist im christlichen Glauben die Schöpfung Gottes und damit etwas an sich Gutes. Aus diesem Gedankengang heraus entwickelte sich in der Sprache des Christentums der Begriff des »Erdkreises« (Ps 33,8), denn der Kreis steht durch seine Symbolisierung des Göttlichen für das Gute schlechthin. Der Kirchenlehrer und Mystiker Bonaventura (1221–1274) sprach von Gott selbst als »Kreis, dessen Mittelpunkt überall und dessen Peripherie nirgends ist«. Dieser Gedanke ist auch bei Mystikern des späteren Hochmittelalters, wie Meister Eckehart, lebendig. Der Himmelskreis mit Gott, der in seinem Mittelpunkt wohnt und aus diesem heraus wirkt, fand schließlich seine künstlerische Darstellung in den byzantinischen Kuppelmosaiken und in den berühmten Kuppelbauten der Renaissance, wie etwa dem Florentiner Dom.

Vom Kreis zum Rad

Aus der Kreisform leitet sich das Rad ab, das für die sich in Zyklen bewegende Welt steht. Symbolhaft findet sich der Urkreis des Rades wieder im Bild der Schlange, die sich in den Schwanz beisst.
Die Ägypter bezeichneten die Welt als das, »was die Sonne umkreist«. Als eines der ältesten solaren Symbole steht das Rad für den Wiederbeginn und die Erneuerung der Schöpfung, aber auch für irdische Veränderlichkeit und die Zeit.
»Rota« (lat. Rad) nannte man die mittlere Fensterrose in mittelalterlichen Kathedralen. Die Nabe des Rades ist der Mittelpunkt der Heilsgeschichte, Jesus Christus. Auch in der Mystik der Heiligen Hildegard (1098–1178) galt das Rad als ganz gebräuchliches Bild für die Gottheit. Bekannt ist ihre Vision von Gott vor neun Engelschören, den so genannten geistigen Hierarchien. In ihnen manifestiert er sich als leuchtender Kreis im Mittelpunkt, als nicht darstellbare Gottheit, die nur das lebendige Licht anzudeuten vermag.

Das Rad des Lebens

Als Zeichen des Veränderlichen wird das Rad auch zum Symbol des Menschenlebens und seiner Unbeständigkeit. Das Rad der Zeit und das Rad des Lebens wiederum sind Begriffe, die auch im Buddhismus auftauchen. Dort steht das Rad für drei grundlegende Übungen: Die Radnabe ist das Bild für die Übung in moralischer Disziplin, durch die der Geist unterstützt und gestärkt wird. Die Speichen stehen für den Gebrauch der Weisheit, durch die das Unwissen aufgehoben wird. Der Radkranz deutet auf die Übung der Konzentration hin, die dieses ganze Konzept zusammenhält.

Das Rad im tibetischen Buddhismus

In der tibetischen Kultur hat das Rad seinen festen Platz innerhalb der acht Glückssymbole. Hier steht es für die buddhistische Lehre und erinnert den Gläubigen daran, dass der Dharma allumfassend und in sich selbst vollständig ist. Er steht im Buddhismus für die Kräfte, die das Dasein bestimmen und aus denen eine Persönlichkeit und die von ihr erlebte Welt sich bilden. Der Dharma hat keinen Anfang und kein Ende, befindet sich gleichzeitig in Bewegung und in Ruhe. So sehen die tibetischen Buddhisten das Rad als Ausdruck für die Vollkommenheit und Ganzheit der Lehre und darüber hinaus als Wunsch für ihre weitere Verbreitung.

Was Mandala-Malen in uns bewirkt

Das Mandala-Malen ist eine Form von Meditation, was wörtlich übersetzt besinnliche Betrachtung heißt. Im Zustand der meditativen Versenkung nimmt die Wahrnehmungsfähigkeit für das, was sich hinter dem Sichtbaren befindet, zu, und der Meditierende erkennt mehr, als er es bloßen Auges tun würde. Die tiefe Entspannung, die in der Meditation einkehrt, ist sogar wissenschaftlich messbar.

Das Zerstreute sammeln, Kräfte bündeln

Durch seine Struktur, innerhalb deren alle Muster auf einen Mittelpunkt zustreben, lenkt das Mandala den Blick des Meditierenden auf sein Inneres.
Vor allem im tibetischen Buddhismus entstanden künstlerisch reich ausgestattete Mandalas auf Rollbildern, den sogenannten »Thankas«. Der Gläubige befreit sich durch ihren Anblick von den Kräften, die nach außen streben, und sammelt diese in seiner Mitte. In das Mandala versenkt, kann er die Außenwelt vergessen und sich in seiner Ganzheit und im Eingebundensein in den Kosmos empfinden.

Zur inneren Ruhe kommen

Wenn man die Meditation nun von der bloßen Betrachtung loslöst und gleichzeitig selbst schöpferisch tätig wird, so fällt einem die meditative Versenkung nicht mehr schwer, auch wenn man vorher unkonzentriert war. Aus diesem Grunde ist Mandala-Malen die ideale Meditationsweise gerade für Ungeübte, die schon lange nicht mehr gemalt haben, ebenso wie für unkonzentrierte und gestresste Menschen. Denn das Ausmalen von vorgegebenen Formen verschafft auch Gefühle des Erfolgs und der Befriedigung. Die Wirkung der Mandala-Malerei auf Geist und Seele beruht dabei auf der Gleichzeitigkeit der Technik des Malens, die auf ihre Art und Weise bereits Meditation ist, und der Wirkung der kreisförmigen Mandalas, in denen alles auf eine Mitte zustrebt.

Die eigenen Gedanken sammeln

Dabei sollten wir uns vor Augen halten, dass die Kräfte des Mandala immer unsere eigenen sind, die durch die Selbstbesinnung während des schöpferischen Akts mobilisiert werden. Wir selbst verschaffen uns Klarheit darüber, wie es in uns aussieht, harmonisieren die in und außerhalb von uns wirkenden Kräfte und können uns damit Schritt für Schritt weiterentwickeln. Wir sind wieder in der Lage, uns zu konzentrieren, folgerichtig zu denken und zu handeln. In diesem Moment werden wir eins mit allem, was lebt.

Farben sinnlich erleben

Das Besondere beim Mandala-Malen ist das sinnliche Farb- und Schöpfungserlebnis. Die Meditation wird so als sehr persönlich und als ein Ereignis empfunden, das nicht nur Geist und Seele, sondern auch den Körper bewegt. Denn im kreativ-meditativen Schaffensprozess wählt man ganz intuitiv bestimmte Farben, die immer auch den gegenwärtigen Seelenzustand spiegeln. Ein Faktor, der bei der kreativen Arbeit mit Mandalas und der anschließenden Selbstanalyse eine wichtige Rolle spielt (siehe Seite 14).

Wann Mandalas uns helfen können

Beim Mandala-Malen erleben wir uns selbst als Ganzheit und als Individuum, weil wir das verwirklichen können, was in uns angelegt ist. Isoliertheit wird überwunden, wir empfinden uns als gesund, offen und aufnahmefähig. So kann die Beschäftigung mit Mandalas besonders helfen, wenn wir uns nur schlecht konzentrieren können, wenn wir häufiger unter Depressionen leiden oder schon bei geringen Anlässen gereizt reagieren, aber auch, wenn wir bestimmte Probleme durch Kompensation (wie übermäßiges Essen oder zu viel Alkohol) zu lösen versuchen.

Sich selbst entfalten

Die Beschäftigung mit Mandalas stärkt das Selbstvertrauen, so dass wir uns wieder fähig fühlen, Probleme anzugehen. Wir können uns während des Malens intuitiv mit unverarbeiteten seelischen Vorgängen befassen, ohne dass sie uns wehtun. Spannungen und Ängste lösen sich. Ist dieser Punkt erreicht, wird die Entfaltung des wahren Kerns einer jeden Persönlichkeit, des Selbst, möglich.

Harmonie in Leben und Denken erreichen

Bei jedem Denkvorgang spielen unsere beiden Gehirnhälften gleichermaßen eine tragende Rolle. In der linken Gehirnhälfte des Menschen sitzen die Fähigkeiten zum Analysieren und zur Abstraktion. Bei Menschen im westlichen Kulturkreis ist diese meist stärker entwickelt, da die genannten Fähigkeiten gesellschaftlich höher bewertet werden als Intuition, Spiritualität, Gefühl und Mitgefühl, die ihren Sitz in der rechten Gehirnhälfte haben. So kommt es häufig, dass Erwachsene Probleme haben, ihre Gefühle zu äußern oder mit ihnen umzugehen; sie reagieren darauf mit neurotischen Störungen. Die kreative Arbeit an Mandalas bietet eine Möglichkeit, dieses Ungleichgewicht aufzuheben. Sie wirkt ausgleichend auf beide Gehirnhälften; dies findet seinen Ausdruck in einer ausgeglichenen und in sich ruhenden Persönlichkeit.

Sich schöpferisch im Mandala erfahren

Das Wichtigste an allen Mandala-Techniken ist das intuitive Herangehen an Ihre kreative Arbeit. Je mehr Sie dabei auf Ihre innere Stimme hören, desto mehr werden Sie persönlich bereichert.

Die Vorbereitung des Malens

❀ Nehmen Sie sich zunächst einmal eine Stunde Zeit, in der Sie nicht gestört werden. Blättern Sie die Mandala-Vorlagen durch, bis Sie eine finden, die Ihr Gefühl anspricht.

❀ Haben Sie eine gefunden, lassen Sie Ihren Blick einmal vom äußeren Rand nach innen schweifen und einmal von innen nach außen. Entscheiden Sie sich dann, in welcher Richtung Sie malen möchten.

❀ Die Texte, die Sie auf der Rückseite der Mandalas finden, können Sie zur Einstimmung durchlesen.

Beibehalten der begonnenen Malrichtung

❀ Behalten Sie Ihre anfängliche Malrichtung bei. Da das Mandala-Malen ordnend auf die Seele wirken soll, ist ein Ordnungsschema sehr sinnvoll.

❀ Beginnen Sie zunächst mit großflächigeren Motiven. An diesen können Sie erst einmal das Einhalten der Malrichtung einüben.

❀ Sie müssen sich beim Ausmalen des Mandala nicht starr an die Vorlage halten. Wichtig ist, dass Sie Ihr Mandala so weit ausmalen, bis Sie denken, dass es fertig ist.

Der Prozess des Malens

❀ Wählen Sie zum Ausmalen Ihre persönlichen Farben, denn jede von ihnen ist eine Botschaft aus Ihrem Unterbewusstsein.

❀ Ein Mandala sollte man allein für sich bemalen. Denn man will damit etwas in seinem eigenen Inneren ordnen.

❀ Ist ein Mandala an einem Tag nicht fertiggeworden, so sollte man es liegenlassen und am nächsten Tag ein Neues beginnen.

❀ Bleiben Sie während der Arbeit bei Ihrer einmal gewählten Technik. Jede hat einen anderen therapeutischen Effekt, und das Mischen von Techniken eignet sich erst nach einiger Übung.

❀ Während Sie malen, werden Sie spüren, wie Sie ruhiger werden und Ihren Kern finden. Ein Gefühl von innerer Wachheit stellt sich ein; Sie werden fähig, sich auf Ihr Selbst zu konzentrieren.

❃ Wie Sie Ihr Mandala anschließend interpretieren können, lesen Sie bitte auf den Seiten 14–15 nach.

Techniken des Mandala-Malens

Malen mit Buntstiften, Ölpastell- und Wachsmalkreiden

Mit Holzbuntstiften malen Sie am besten mit nur wenig Druck und in kleinen kreisenden Bewegungen. So erhält man eine ebenmäßige Fläche.

Ölpastell- und Wachsmalkreiden sind für größere Flächen gut geeignet; sie decken sehr kräftig ab.

Ölpastellkreiden können Sie mit einem feuchten Pinsel bearbeiten, um Übergänge zu gestalten. Sie sollten zum Abschluss mit Haarspray fixiert werden, da sie sonst abfärben.

Malen mit Wasser- oder Aquarellfarben

Fließende Übergange erzielen Sie, wenn Sie mit dem Farbauftrag beginnen und den Strich so weit ziehen, bis die Farbe verblasst. Dann befeuchten Sie den Pinsel wieder und ziehen aus dem bereits gemachten Pinselstrich auf dem Papier noch etwas Farbe heraus. So haben Sie einen sehr schönen Übergang von hell zu dunkel. Beim Aquarellieren gibt es verschiedene Techniken. Beim Nass-in-Nass-Aquarellieren weichen Sie das Papier ein, nehmen das überschüssige Wasser ab und malen mit stark verdünnten Farben, so dass diese ineinander fließen können.

Eigene Mandalas gestalten

Mandala-Zeichnen

Diese Technik empfiehlt sich, wenn man bereits Erfahrung mit dem Mandala-Malen hat. Zeichnen Sie sich einen Kreis vor. Durch seinen Mittelpunkt ziehen Sie eine horizontale und eine vertikale Linie bis an die Peripherie. So haben Sie vier Kreisabschnitte, die Sie symmetrisch ausfüllen können.

»Schwarzes« Mandala

Ein Blatt Papier wird mit verschiedenen Buntstiften ausgemalt. Danach geht man mit einem feuchten Pinsel über das Papier und verwischt die Farben miteinander. Ist das Papier trocken, übermalt man die bunte Fläche vollständig mit schwarzer Wachsmalkreide. Nun zeichnet man einen Kreis und Hilfslinien ein, die man mit einer stumpfen Nadel nachfährt. Jetzt malt man mit der Nadel sein Mandala auf die schwarze Fläche: Beim Ritzen der Wachsmalkreidenschicht kommt unten der bunte Farbauftrag wieder zum Vorschein.

Mandalas aus Transparentpapier

Kleben Sie ein Transparentpapier an den Rändern fest, so dass es nicht verrutschen kann. Schneiden Sie dann aus farbigem Transparentpapier Formen aus, und befestigen Sie diese mit Kleber, vom Mittelpunkt ausgehend, auf dem Arbeitspapier. Schneiden Sie zum Schluss Ihr Mandala aus, und befestigen Sie die Ränder mit durchsichtigem Klebeband.

Sich selbst im Mandala erkennen

Die ausgewählte Vorlage und die verwendeten Farben sagen viel über Ihre derzeitige seelische Situation aus. Mit Hilfe der im Folgenden aufgeführten Bedeutungen von Farben und Formen im Hinblick auf Gemütszustände können Sie nun Ihr Mandala interpretieren. Wenn Sie schon Erfahrung im Mandala-Malen haben, können Sie in Ihre seelische Situation eingreifen, indem Sie die Farben bewusst nach ihrer Bedeutung auswählen.

Farben im Mandala

Weiß: das Nichts, Reinheit, Vollkommenheit, Erleuchtung, Erlösung, Sachlichkeit, Mitgefühl, Verlässlichkeit, Geschäftsinstinkt und Wahrheitsliebe. Es zeigt, dass das Gefühl für das eigene Ich da ist und dass man bereit ist für Veränderungen.
Schwarz: Tod, Kummer, Selbstbegrenzung, Geheimnis, Wiedergeburt, Unangreifbarkeit, Mangel an Bewusstseinskraft. Es zeigt, dass man Schwächen in seine Gesamtpersönlichkeit integrieren kann.
Grau: das Neutrale, die Unbezwinglichkeit, Weisheit, Wiederkehr; Übergang zwischen Unbekanntem und Bekanntem.
Rot: Liebe, Sinnlichkeit, Leidenschaft, Selbstvertrauen, Furchtlosigkeit, Kraft, Selbstständigkeit, Lebenslust und Eroberung, Streben nach Veränderungen, starker Wille.

Strukturelemente des Mandala

Kreis: das Namenlose und Nichtseiende; der Punkt in der Mitte markiert den göttlichen Kern oder das Selbst.
Waagerechter Strich: Trennung von Ober- und Unterwelt; Sinnbild für die urmütterliche Energie.
Senkrechter Strich: Verbindung von Weltlichem mit Heiligem; alles durchdringende Energie.
Weltenkreuz: verbindet urmütterliche Substanz mit Energie.
Swastika: Bewegung im Kosmos, Energie.
Spirale: Dynamik des Werdens.

Blau: Ruhe, Glück, Entspannung, Ausgeglichenheit, Friedfertigkeit, Heiterkeit und Sicherheit; Wunsch nach Zurückgezogenheit, seelischer Unabhängigkeit; starke intuitive Fähigkeiten.

Türkis: Geselligkeit, Freundschaft, Kontakt, Erfindungskraft, Anmut, Selbstbewusstsein, Charme; Fähigkeit des Ausgleichens, stärkt heilende Fähigkeiten.
Gelb: Licht, Sonne, Heiterkeit, Freude, Empfänglichkeit, Befreiung, Intellekt, Grenzenlosigkeit, Weisheit, Fantasie und Freiheitsdrang. Gelb stärkt das Denken und öffnet uns höheren Einsichten.
Orange: Energie, Optimismus, Kontaktfreude, Ehrgeiz, Zärtlichkeit, Mut, Aufgeschlossenheit, Jugendlichkeit, Gesundheit, Selbstvertrauen, Herzlichkeit; Fähigkeit, seinen Gefühlen gemäß zu leben.
Rosa: Genussfähigkeit, Romantik, Eleganz, Zuneigung, Hingabe, Selbstlosigkeit, Sensibilität, Zurückhaltung; verstärktes Schutzbedürfnis.
Violett: Mystik, Über-Ich, Verwandlung, Inspiration, Gefühlsbetontheit, Überwindung von Gegensätzen, Bußfertigkeit, Neigung zur Innenschau, Empfindsamkeit.
Grün: Natur, Wachstum, Hoffnung, Beständigkeit, Willenskraft, Genesung, Neubeginn, Wohlbefinden, Zielstrebigkeit, Ansehen.
Braun: Erdverbundenheit, Häuslichkeit, Mütterlichkeit und Stabilität, zurückhaltendes Wesen, schwaches Selbstwertgefühl.

Formen im Mandala

Auge: Hellsichtigkeit, das Auge Gottes, das Ich, der Spiegel der Seele.
Baum: Leben, das sich selbst erneuert; die Verbindung von Unterbewusstsein, Bewusstsein und transpersonaler Sphäre; Mütterlichkeit, Verwurzelung, Stagnation.
Blume: Schönheit und Vergänglichkeit, Seele, Gebärmutter.
Dreieck, nach unten weisend: Wasser, Unbewusstes, Weiblichkeit; nach oben weisend: Lebenskraft, Veränderung, Männlichkeit, Kreativität; zum Zentrum weisend: gegen sich selbst gerichtete Aggression.
Herz: Weisheit, Freude, Liebe, familiäre Verbundenheit.
Hexagramm: Vereinigung von Gegensätzlichem; Harmonie und Befriedigung.
Kreis: Bewegung, das Absolute, Gott, das Selbst.
Kreuz: Verbindung von Himmel und Erde, Unbewusstsein und Bewusstsein, Leben und Tod; Erkennen der eigenen Schattenseiten, Überwindung der Triebstruktur.
Pentagramm: die menschliche Gestalt, Erde, Wasser, Feuer, Luft, Äther, die fünf Sinne.
Regenbogen: Verbindung von Göttern und Menschen, männlichem und weiblichem Prinzip; Fruchtbarkeit, Eltern, Neugeburt.
Spinnennetz: Weiblichkeit, Zustand der Vorgeburtlichkeit und Kindheit, Neubeginn.
Stern: Identitätsgefühl, Selbstbewusstsein, Leistungsstreben, Individualität.
Tropfen: Männlichkeit und Fruchtbarkeit, innere Reinigung.
Viereck: Stabilität, Ausgewogenheit, Verstandesleistung, das irdische Leben, menschliche Vollkommenheit.
Vogel: menschliche Seele, Fantasie.

Die Autoren des Buches

Sascha Wuillemet, geboren 1971 in Ratingen, Schulzeit bei den Regensburger Domspatzen, Schreinerlehre, Volontariat bei einer Tageszeitung, Ausbildung zum Fotografen, veröffentlichte bereits mit 18 Jahren erste Karikaturen. Danach illustrierte er Kinder- und Fachbücher. Seit 1995 arbeitet Sascha Wuillemet freischaffend für Verlage und verschiedene Unternehmen aus den Bereichen Werbung, Mode und Industrie in München und Italien.
Zum Thema »Mandalas« kam er durch Naturaufnahmen, bei denen er die besondere meditative Form des Ur-Mandala angelegt fand.

Andrea-Anna Cavelius studierte Philosophie, Geschichte und Deutsch als Fremdsprache in München, Siena und Salamanca. Daneben war sie zehn Jahre als Regisseurin einer freien Theatergruppe engagiert, schrieb als freie Journalistin für die Augsburger Allgemeine Zeitung und übersetzte Drehbücher fürs Fernsehen. Nach Abschluss des Studiums war sie in einem Zeitschriftenverlag tätig.
Seit drei Jahren arbeitet sie als freie Journalistin und Autorin vorwiegend im Bereich Gesundheit und Erziehung. Mandalas malen und dabei Ruhe und Entspannung finden ist für sie eine wichtige Erfahrung in ihrer Arbeit sowie als Mutter eines kleinen Sohnes.

Weiterführende Literatur zum Thema

Boeckel, Johannes F.: Meditationspraxis. Techniken und Methoden. München 1977
Holitzka, Klaus; Niemuth, Jochen: Das Mandala als Grundbaustein des Universums. Seeon 1994
Gerda und Rüdiger Maschwitz: Aus der Mitte malen – heilsame Mandalas. München 1996
Wuillemet, Sascha/Cavelius, Andrea-Anna: Zur Stille finden. Mandalas malen. 85 entspannende Malvorlagen. Augsburg 1997
Dies.: Zur Mitte finden. Natur-Mandalas malen. 50 Originale aus der Natur und 50 Malvorlagen. Augsburg 1998

Impressum

Bechtermünz Verlag, Augsburg

5. Auflage 1998

Umschlaggestaltung und Layout: Dirk Risch, München · Berlin
Umschlagmotiv: Studio für Fotografie und Illustration Sascha Wuillemet, München
Reproduktion: Typework Layoutsatz & Grafik GmbH, Augsburg
Druck und Bindung: Druckerei Appl, Wemding

Printed in Germany

Gedruckt auf chlorfrei gebleichtem Papier

ISBN 3-8289-4802-2

64 Malvorlagen

Arabeske

Mein Selbst, das in meiner Mitte ruht, gibt mir Schutz
auf dem Weg zu mir. Während ich mich verändere,
bleibt es unverrückbar im Zentrum meiner Seele.

Blatt 2

Der achtfache Pfad

Im Buddhismus steht die Zahl Acht für die Unendlichkeit.
Sie ist außerdem im so genannten »achtfachen Pfad« enthalten.
Er führt zur geistigen Vollkommenheit,
der Mensch wird zum Buddha.

Der achtfache Pfad umfasst:

- Die richtige Erkenntnis
- Die richtige Gesinnung
- Das richtige Reden
- Das richtige Handeln
- Das richtige Leben
- Das richtige Streben
- Das richtige Überdenken
- Das richtige Sich-Versenken

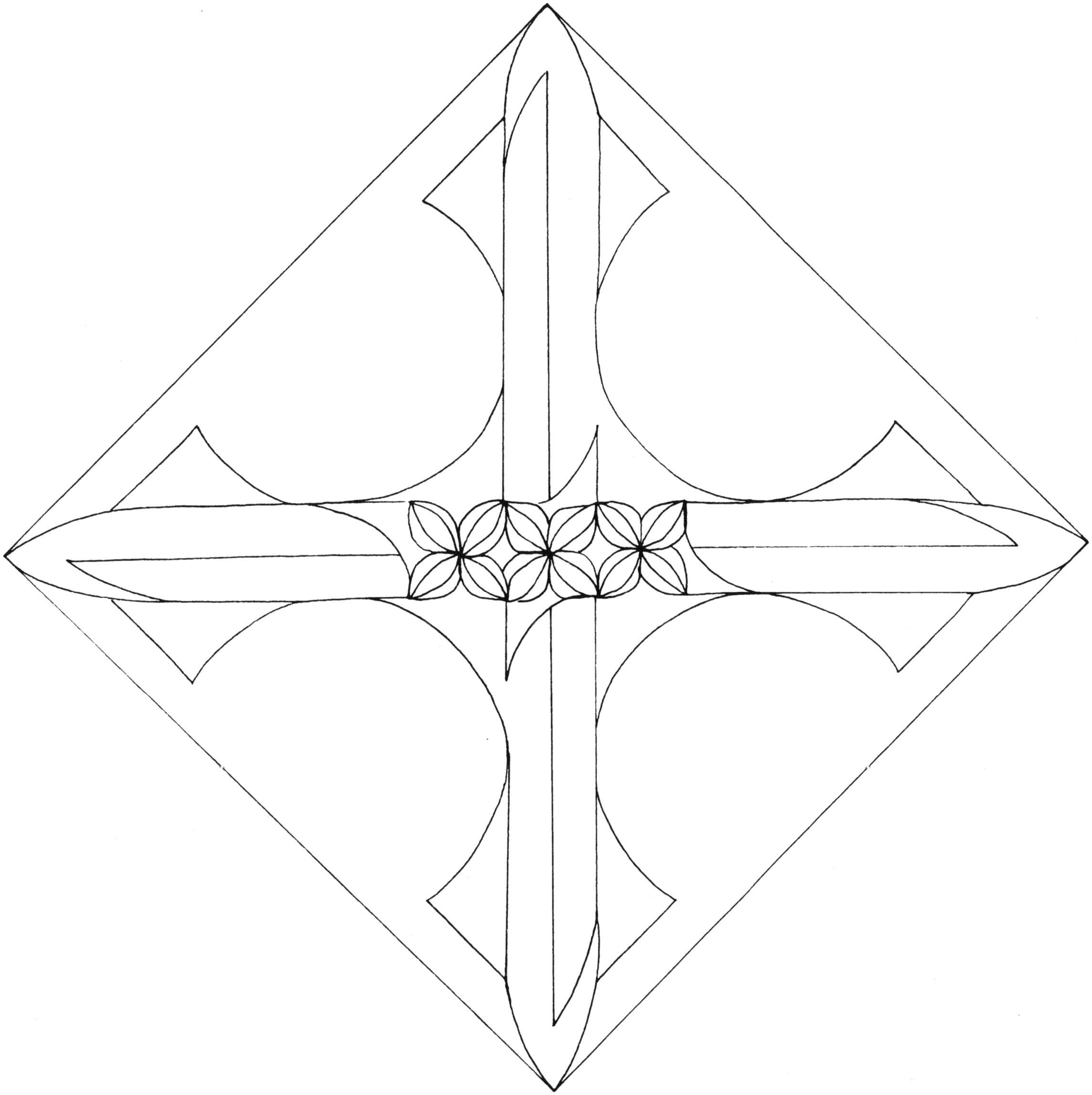

Blatt 3

Selbsterkenntnis

Das Kreuz verbindet den Himmel mit der Erde, das Transzendente mit dem sinnlich Erfahrbaren. Unbewusstes und Bewusstes sind hier in Harmonie, die Erkenntnis der eigenen Persönlichkeit mit ihren guten wie schlechten Seiten wird ganz leicht gemacht und ohne Verletztheit getragen.

❁ Blatt 4

Bewegung

Bewegung, Leichtigkeit und die Durchschaubarkeit von allem vermittelt uns dieses Mandala. Nichts anderes als Bewegung ist unser Leben und Dasein. Selbst im Zustand tiefer Ruhe hält uns unser Blutkreislauf am Leben, atmen und wachsen wir. Unser Körper, unser Geist und unsere Seele sind wie ein Perpetuum mobile, das sich aus sich selbst heraus bewegt.
Diese selbsttätige Bewegung können wir an allen Kreisläufen, die uns durchs Leben begleiten, beobachten.

Der Weg

Wege, die sich kreuzen, laden dazu ein, zwischen verschiedenen Möglichkeiten zu wählen. Jede Weggabelung ist damit das Zeichen für eine Entscheidung, die es zu treffen gilt. Denn diese wird den weiteren Verlauf unserer Fahrt bestimmen. Wie jedes Muster, das wir im Außen finden, so finden wir dasselbe in unserem Inneren.

Zurück in die Stille

Energien, die ich in Fülle nach außen getragen habe, um die Welt für mich am Laufen zu halten, führe ich zurück in das Zentrum. In ihm herrscht absolute Ruhe, ist die Leere. Ich denke dabei an das Auge eines Orkans, in dem Windstille herrscht, während er draußen tobt und seine machtvollen Kräfte entfaltet.

Lotos

Der Lotos schwebt weiß und unbefleckt über dem stillen Wasser. Im buddhistischen Glauben gilt er als das Symbol der höchsten spirituellen Reinheit und der entstehenden Erde. So wird Buddha häufig auf einer Lotosblüte sitzend dargestellt.

Blatt 8

Zeit

Was bedeutet Zeit in einem Leben, das einem höheren Sinn geweiht ist? Wenn wir erkennen, dass unser Dasein auf Erden nur ein vorübergehendes Stadium ist, werden wir jeden Moment nutzen, um ein gutes und harmonisches Leben für uns und unsere Mitwelt zu führen. Je mehr wir lernen, die Gegenwart zu erleben und bewusst zu gestalten, desto weniger werden wir in einen Zeitrahmen eingespannt sein, der unsere Existenz in ein ewiges Vorwärtseilen zwingt.

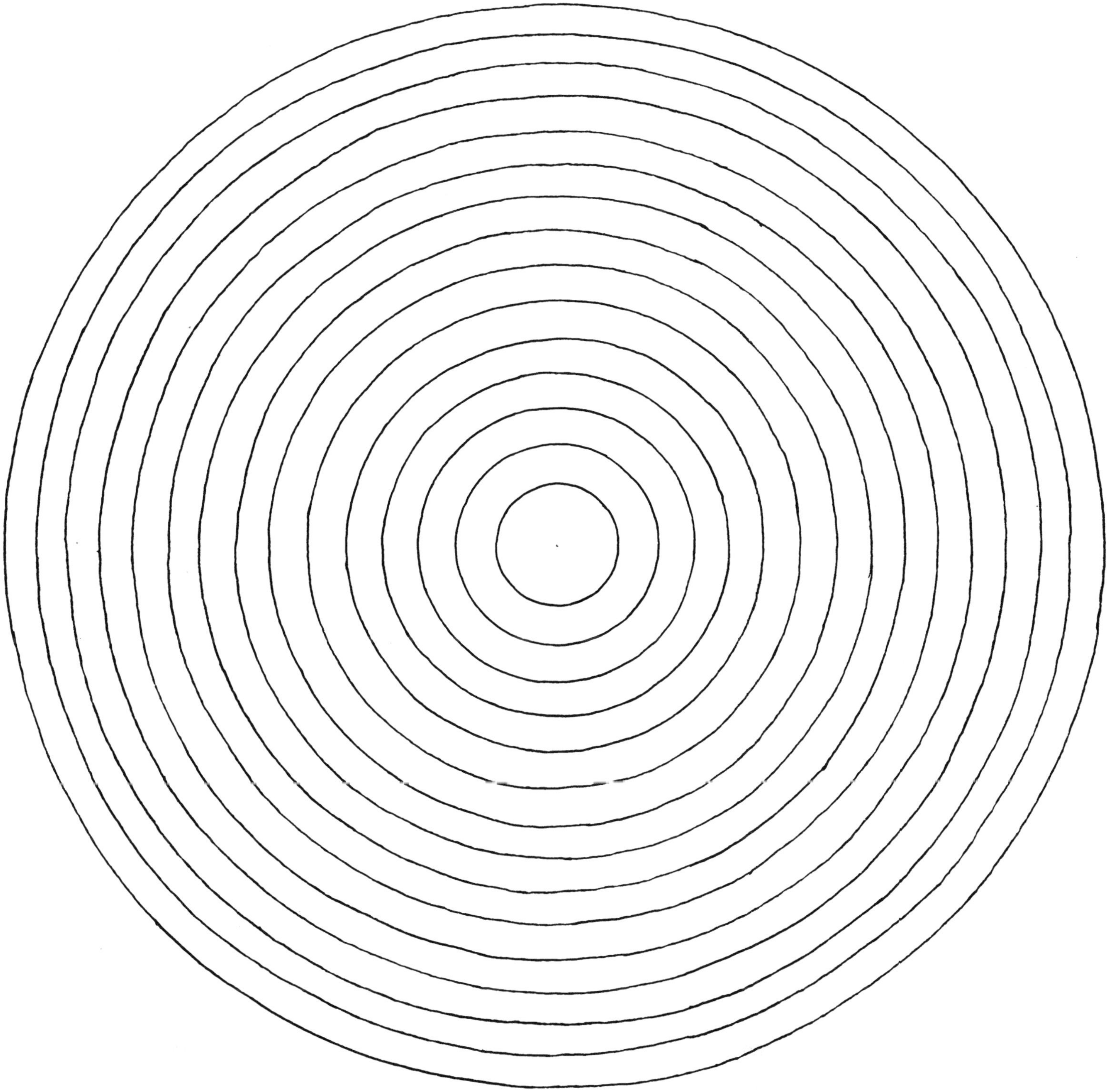

Der Weg zur Mitte

Auf dem Weg nach innen lösen wir uns von unseren äußeren Hüllen, von unserem Körper, unserem Verstand, unserem Gefühl. Schicht für Schicht werden sie abfallen, je mehr wir in unser Zentrum dringen. Sind wir im Innen angekommen, fühlen wir uns leer. Wir sind bereit für unser Selbst.

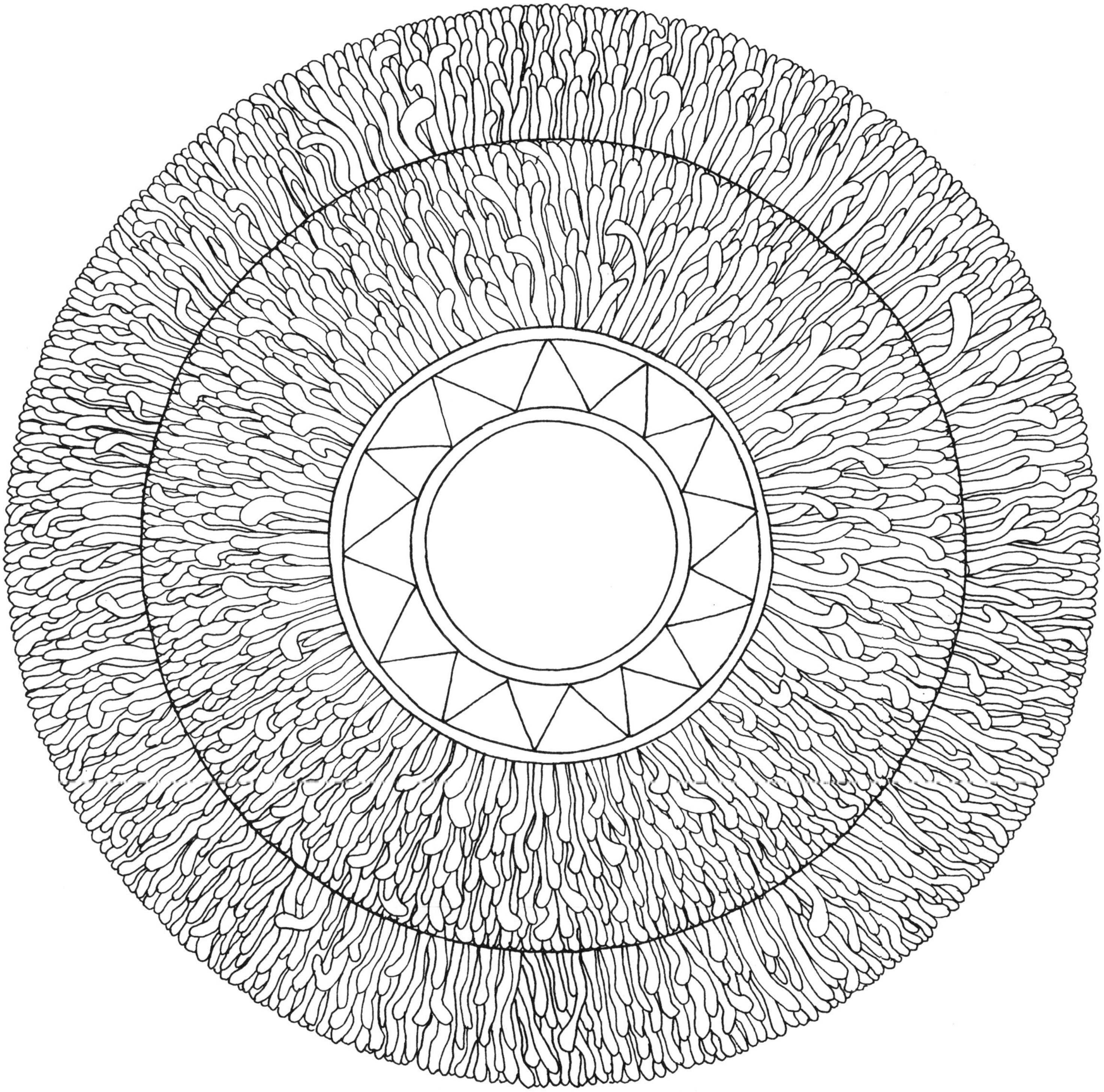

❁ Blatt 10

Meditation

Jedes Mandala ist eine Welt für sich. Es beinhaltet zugleich das Eine und die Vielfalt. Im Gleichgewicht zwischen Einheit und Vielfalt ruht das harmonische Selbst. Verstand und Gefühl, Spiritualität und Triebhaftigkeit treffen sich hier und formen ein Wesen, das einzigartig ist. Jeder von uns sollte sich dieser Einzigartigkeit bewusst sein und gleichzeitig auch der Einzigartigkeit jeder Pflanze und jedes Tiers, denn auch diese Lebewesen sind beseelt und ein Teil des Kosmos. Wenn wir in unserem Selbst ruhen, sind wir eins mit allem, was lebt und vergeht. Wir sind friedfertig, heiter und gelassen.

❀ Blatt 11

Lebenswege

Jeden Tag gehe ich dieselben Straßen, dieselben Wege entlang, um an meinem Ziel anzukommen. In meinem Leben werde ich noch auf vielen anderen Wegen gehen. Welcher wird der sein, der mich zu meinem eigentlichen Ziel führt? Der Plan dazu liegt in mir selbst.
Ich muss ihn nur finden.

Schwangere

Der Bauch einer Schwangeren ist das Symbol für das Werden schlechthin. Er steht aber auch für die Lebensenergie und die schöpferische Kraft, die dem Akt des Heranwachsens eines neuen Lebewesens innewohnt. Nicht umsonst deuten die Chinesen den Punkt, der etwa drei Fingerbreit unter dem Nabel liegt, als Quelle des Qi. Das ist die Energie, die Körper, Geist und Seele mit Lebensatem erfüllt.

❀ Blatt 13

Die Leere anstreben

Im Zustand der Leere herrscht die vollkommene Einheit meines Ich mit meinem Selbst. In ihr liegt der Weg zu meiner Erlösung, meiner bedingungslosen Liebe und meiner Freiheit.

Keltisches Band

In der Meditation finde ich die Ursache meines Seins, erlebe ich meine Mitte, erkenne ich Gott. In ihr liegt der Weg und das Ziel. Ich erkenne, wo ich stehe und wohin ich gehen werde.

Veränderung

Die Sehnsucht nach anderen Ländern, einem anderen Ort, anderen Menschen oder einer anderen Lebensform ist eine wichtige Triebfeder, um persönlich im Leben weiterzukommen und sich weiterzuentwickeln. Wer eine solche Sehnsucht im Herzen spürt, sollte sich jedoch zunächst fragen, ob er alle ihm bisher gestellten Aufgaben erledigt hat oder ob ihm die Erneuerung nur dazu dienen soll, das andere mit dem bisher Gehabten auszutauschen.
Ein wirklicher Neuanfang ist nur möglich, wenn wir uns von dem Alten befreit und es aufgearbeitet oder verarbeitet haben.

❀ Blatt 16

Magisches Viereck

Die Welt, die ich erlebe, ist die vollkommene Schöpfung.
Mein Platz in ihr ist bescheiden. Doch werde ich ihn mit all meiner Kraft
und Liebe ausfüllen, um der Schöpfung gerecht zu werden.

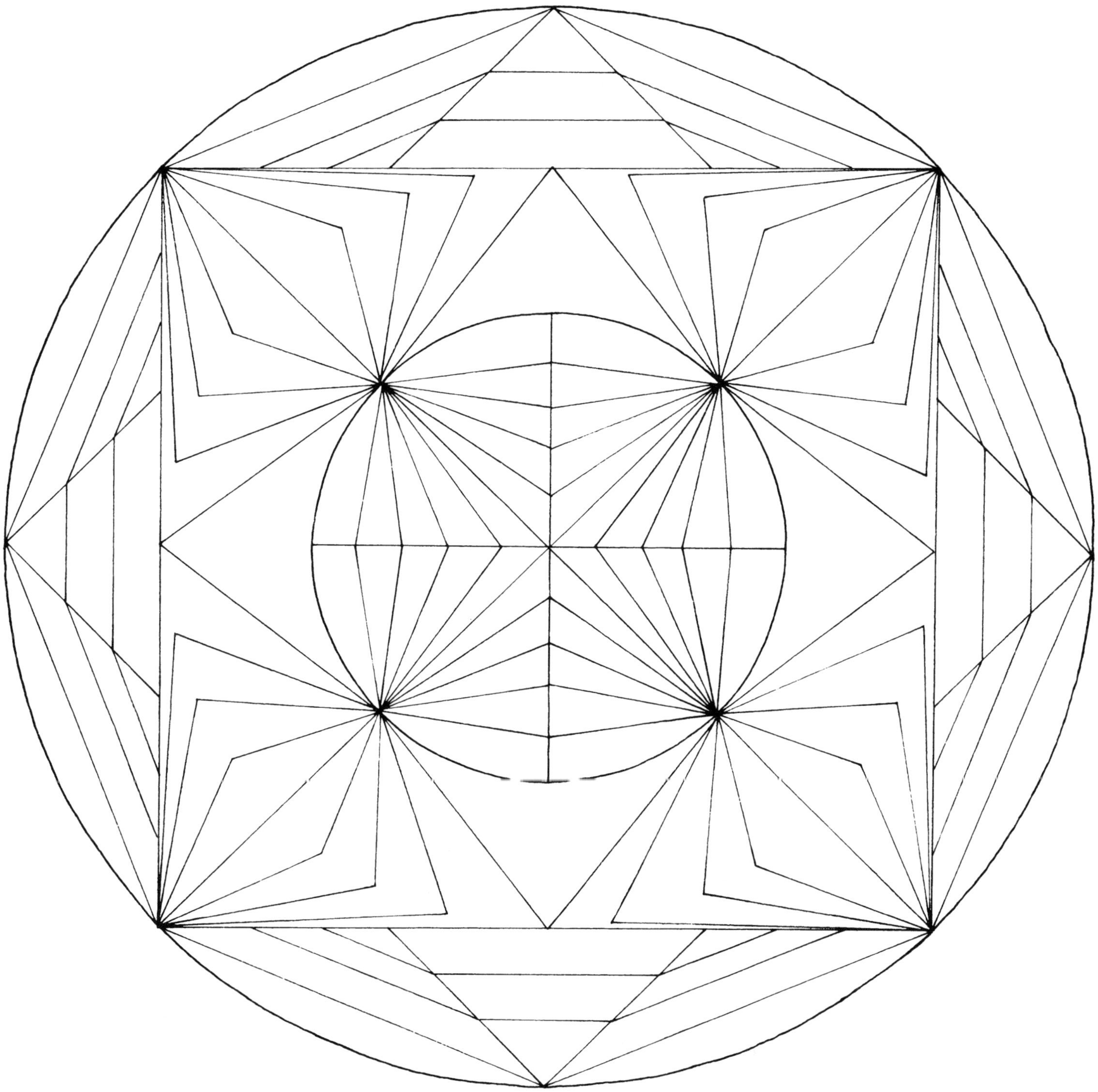

❀ Blatt 17

Innerer Ausgleich

Erdung verspricht uns die viereckige Struktur dieses Mandalas.
Wer »mit dem Kopf in den Wolken lebt«, kann sich mit diesem
Motiv wieder mehr auf seine Wurzeln besinnen und Boden unter
den Füßen gewinnen. Ideal ist das Motiv daher für geistige Arbeiter,
die nach mehr Klarheit und Ausgewogenheit streben.
Der Kreis im Inneren verspricht zudem neue, erfrischende Energie.
Die Verbindung mit dem Spirituellen, Übergeordneten wird durch
den äußeren Kreis gewahrt, denn wir wollen nicht das Geistige mit
dem Geerdetsein austauschen, sondern beide Ebenen
miteinander ausgleichen.

Blatt 18

Entfaltung

Im Sufismus, der mystischen Bewegung des Islam, gibt es sieben Stadien, die der Mensch durchlaufen muss, bis seine Persönlichkeit zur Entfaltung kommt und er weise ist. Man nennt sie die sieben »nafs« (arabisch für Seele, Mensch, Selbst):

1. Der Mensch lernt, dass er unreif ist.
2. Sein Selbstbewusstsein erwacht.
3. Die Arbeit des Bewusstseins setzt ein.
4. Der Mensch erlangt den Zustand der Ausgeglichenheit.
5. Das Bewusstsein erlangt neue, nicht mit dem Verstand erfassbare Erfahrungen.
6. Der Zustand wirklicher Einzigartigkeit wird erreicht.
7. Der Mensch hat sich erneuert und ist vollendet. Nun kann er Lehrer für andere sein.

Tag und Nacht

Zeit ist ein Kreislauf, dem wir als natürliche Wesen unterworfen sind.
Sie zeigt uns immer wieder, wie vergänglich das Leben ist. Sie ist nichts
Geradliniges, Lineares, weshalb wir sie auch nie einholen können.
Wir können nur in ihr leben und mit den natürlichen Rhythmen,
die sie bestimmt: dem Wechsel von Tag und Nacht, dem Auf- und Untergehen
der Sonne, dem Kreislauf des Mondes, dem Zyklus der Jahreszeiten.
Zeit ist der Rahmen für immerwährenden Wechsel und Veränderung,
sie ist unsere Chance zum Fortschreiten und zur Weiterentwicklung.

Ruhende Pferde

Die Sonne brennt heiß herab, und die Pferde suchen unter dem Apfelbaum auf ihrer Weide ein wenig Schatten, um sich auszuruhen. Dabei schmiegen sie sich aneinander, machen die Augen ein wenig zu und dösen ein. Sie träumen dann vom Pferdehimmel, in dem es keine Zäune gibt, sondern viele Pferde, die ohne Zaum und Sattel in aller Freiheit herumlaufen.

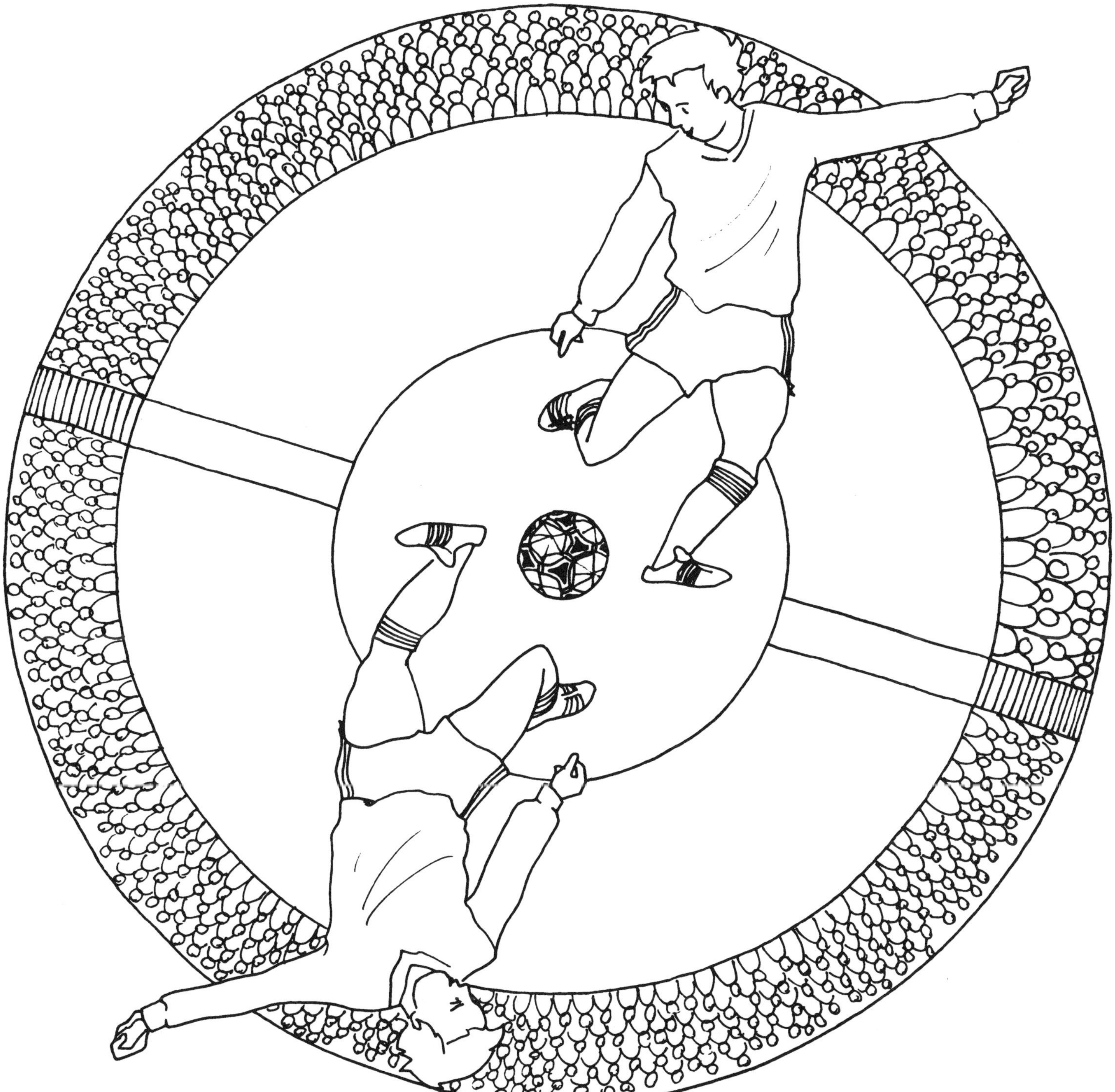

Fußballer

In der Sagenwelt Mexikos heißt es, dass die Götter, wenn sie nichts zu tun haben, am liebsten Ball spielen. Sie haben sehr große Bälle, die sie dann von Berg zu Berg werfen oder hinüberschießen. Man vergisst beim Spielen die Zeit und vergisst, dass man selbst am Spiel beteiligt ist. So sehr ist man darin eingetaucht. Wer spielen kann, ruht in sich, ist ganz bei sich selbst.

Karawane

In der sengenden Hitze der Wüste zieht die Karawane ihres Weges.
Vorbei an Pyramiden und lebensspendenden Oasen, in denen Palmen wachsen
und die Kamele sich am kühlen Wasser laben können, um die anstrengende
Reise durchzuhalten. Nur in der Kälte der Nacht wird ein Rastplatz gesucht,
um Ruhe zu finden. Endlos scheint der Weg.

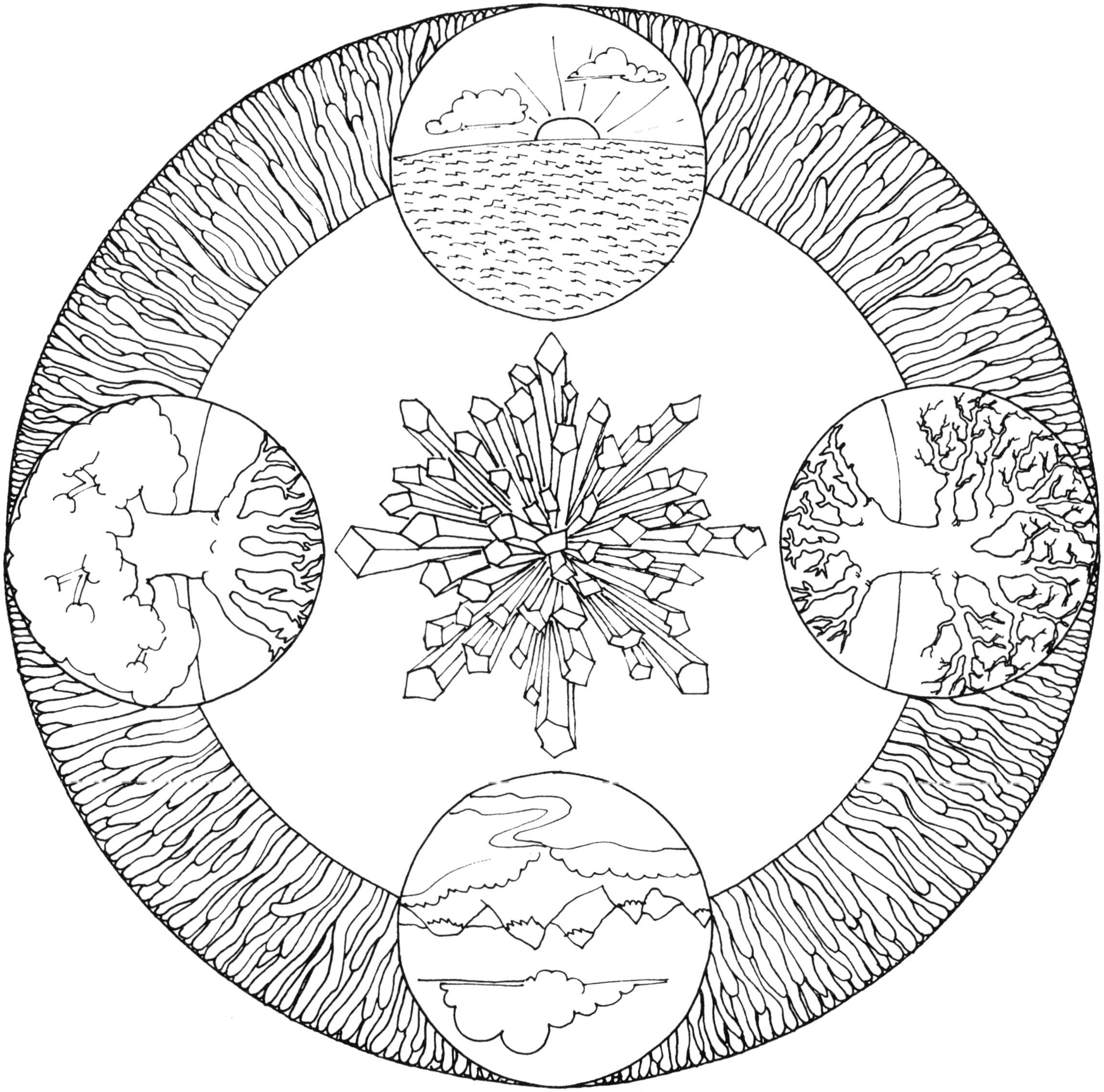

Die Erde

Einer von vielen im unendlichen Universum ist unser blauer Planet. Und doch ist er der bisher einzige, von dem wir wissen, dass er Lebewesen in den verschiedensten Formen hervorgebracht hat. Dieses Leben in all seiner Vielfalt zu erhalten ist die Aufgabe, die Gott uns gestellt hat.

Sonnenblume

Licht lässt wachsen, wo kein Leben ist. Licht hellt auf, wo Dunkelheit herrscht. Licht spendet Freude, wo Traurigkeit war. Licht wärmt und schenkt Frieden. Licht ist Kraft.

Buddha mit Elefanten

»Es wäre besser, ihr Schüler, ihr würdet den Körper, wenn überhaupt, für das Ich halten als etwas Geistiges. Denn der Körper hat wenigstens für eine kurze Zeitspanne Bestand. Aber alles Geistige entsteht und vergeht in einem Augenblick ... Wie ein Affe sich im Walde von Baum zu Baum schwingt, einen Ast ergreift und wieder loslässt, um einen neuen zu packen, so entsteht und vergeht das Geistige und das Denken.«

(Gautama Buddha, zitiert nach *Percheron, Maurice,* Buddha, Rowohlt, Hamburg 1958, S. 48)

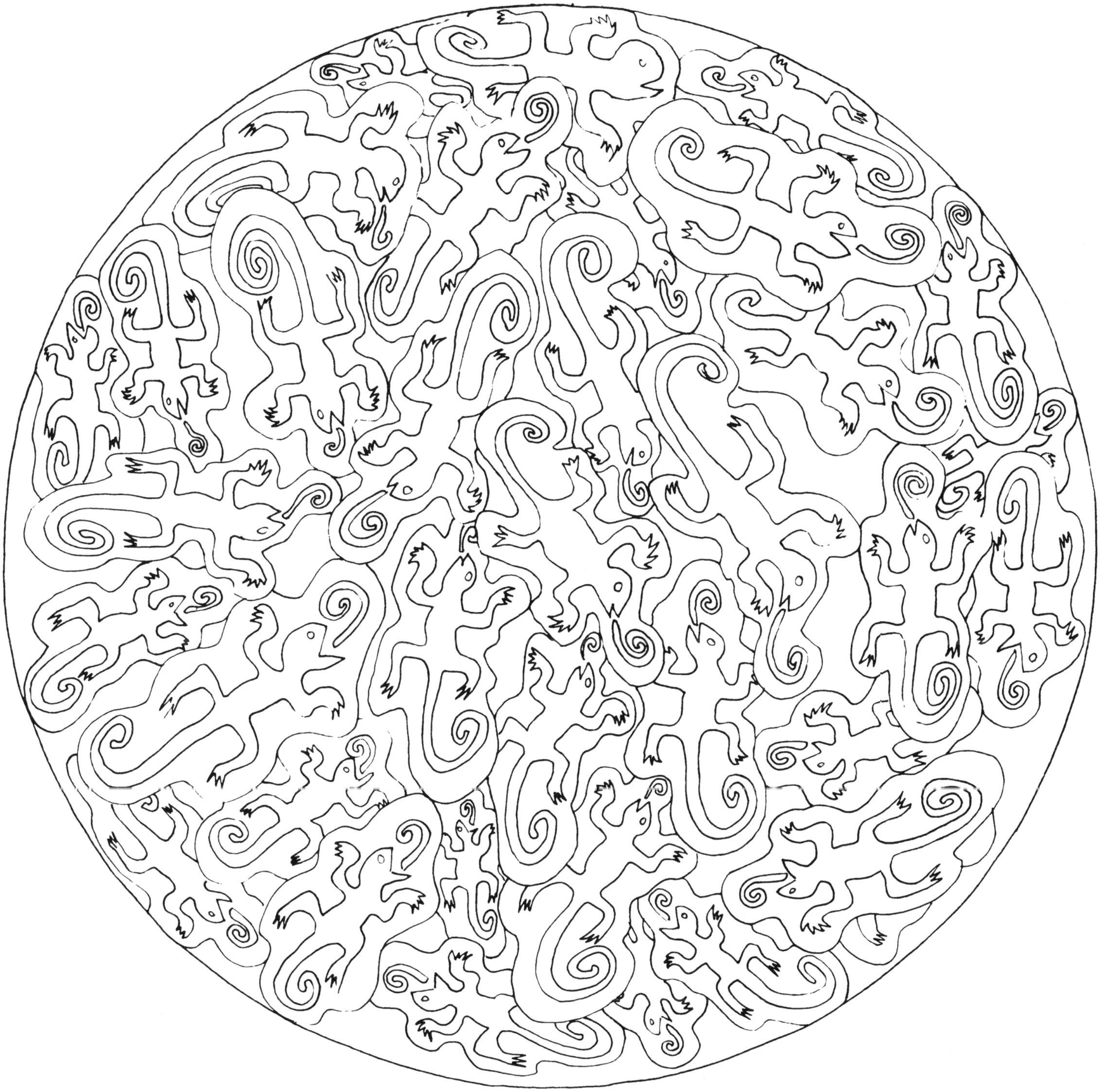

Geschöpfe der Natur

Alles, was in der Natur entsteht, ist von dem mystischen Diagramm des Mandala gezeichnet. Der Kreis als perfekte Form der Schöpfung wiederholt sich so in allem, was lebt. Er führt uns zurück in eine höhere Ordnung, aus deren Mitte heraus die schöpferische Energie entspringt, aus der alles entsteht.

Innere Einkehr

Ein heiliger Ort ist das Meer, für viele Menschen einem Tempel der inneren Einkehr vergleichbar. In der Traumdeutung steht es für das Unbekannte, Unergründliche, Unbewusste.
Das Wasser der Meere verbindet alle Erdteile, Länder und Völker miteinander. In der Mythologie aller Völker wird der Ursprung des Lebens auf der Erde im Meer gesehen.

Blatt 28

Freundschaft

Der Begriff Freundschaft hat dieselben Wurzeln wie die Begriffe Friede und Freiheit. In manchen Mundarten hat sich auch die Bedeutung des »Verwandten« für den Freund erhalten. Freundschaft ist ein Verhältnis, das nur freie Wesen miteinander verbinden kann, alles andere ist Abhängigkeit. Doch Freundschaft ist nicht nur eine Beziehung der Freiheit, die den Frieden trägt, sie ist auch eine Mehrerin der Freiheit.

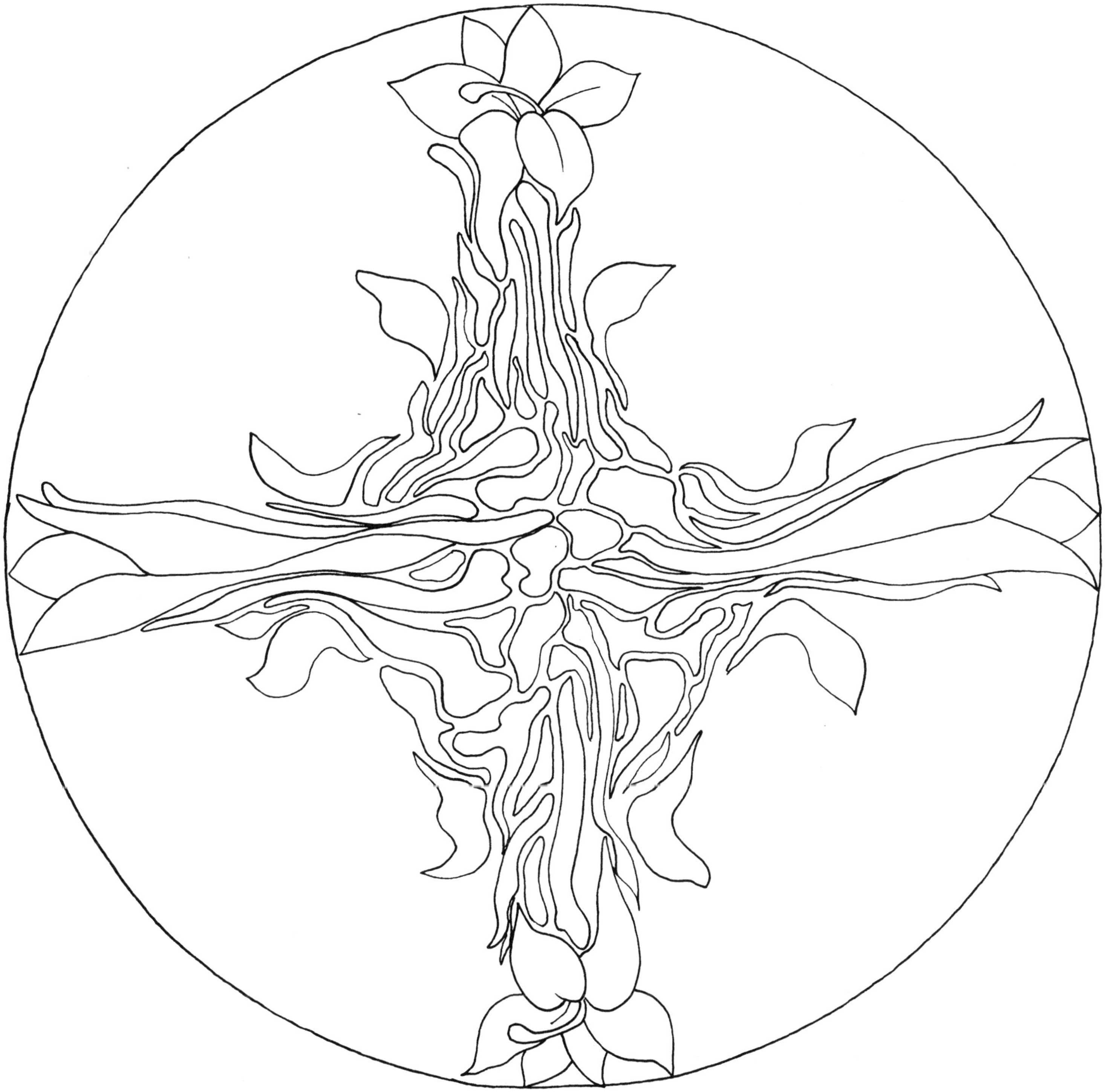

Blatt 29

Lilie

Als Symbol der Fruchtbarkeit wurde die Lilie zum Symbol der Gottesmutter Maria und derer, die sich ihrem Patronat unterstellten. So taucht die Lilie auch stark stilisiert in der Heraldik auf, beispielsweise als Wappenbild der französischen Bourbonenkönige.

Blatt 30

Mein Garten

Der Garten meiner Seele befindet sich in mir.
Er liegt im Reich der Bilder.
Wenn ich mich in meinem Garten ausruhe,
werde ich heil und schöpfe neue Kräfte.

Katze

Im alten Ägypten galt die Katze als das heilige Tier der Göttin Bastet. Diese hatte selber einen Katzenkopf und war die Beschützerin des Heims, der Mütter und der Kinder. Im Mittelalter hingegen galt die Katze als Tier der weisen Frauen, dem magische Kräfte zugeschrieben wurden.

Yantra

Als Yantra bezeichnet man in Indien, Tibet und Nepal die Mandalas, die man im religiösen Ritual verwendet. Es gibt sie als Malereien oder als gelegte Boden-Mandalas, aber auch als Stein gewordene Architektur, beispielsweise in Form von Tempeln oder Stupas. Ihre Aufgabe ist es, die Verbindung zwischen der Welt – sie wird durch das Quadrat symbolisiert – und dem Göttlichen oder dem Kosmos – das ist der Kreis – herzustellen. Auch in der islamischen Kunst und in den Fensterrosetten christlicher Kirchen findet sich häufig die grafische Verbindung von Viereck und Kreis, von Endlichem und Unendlichem.

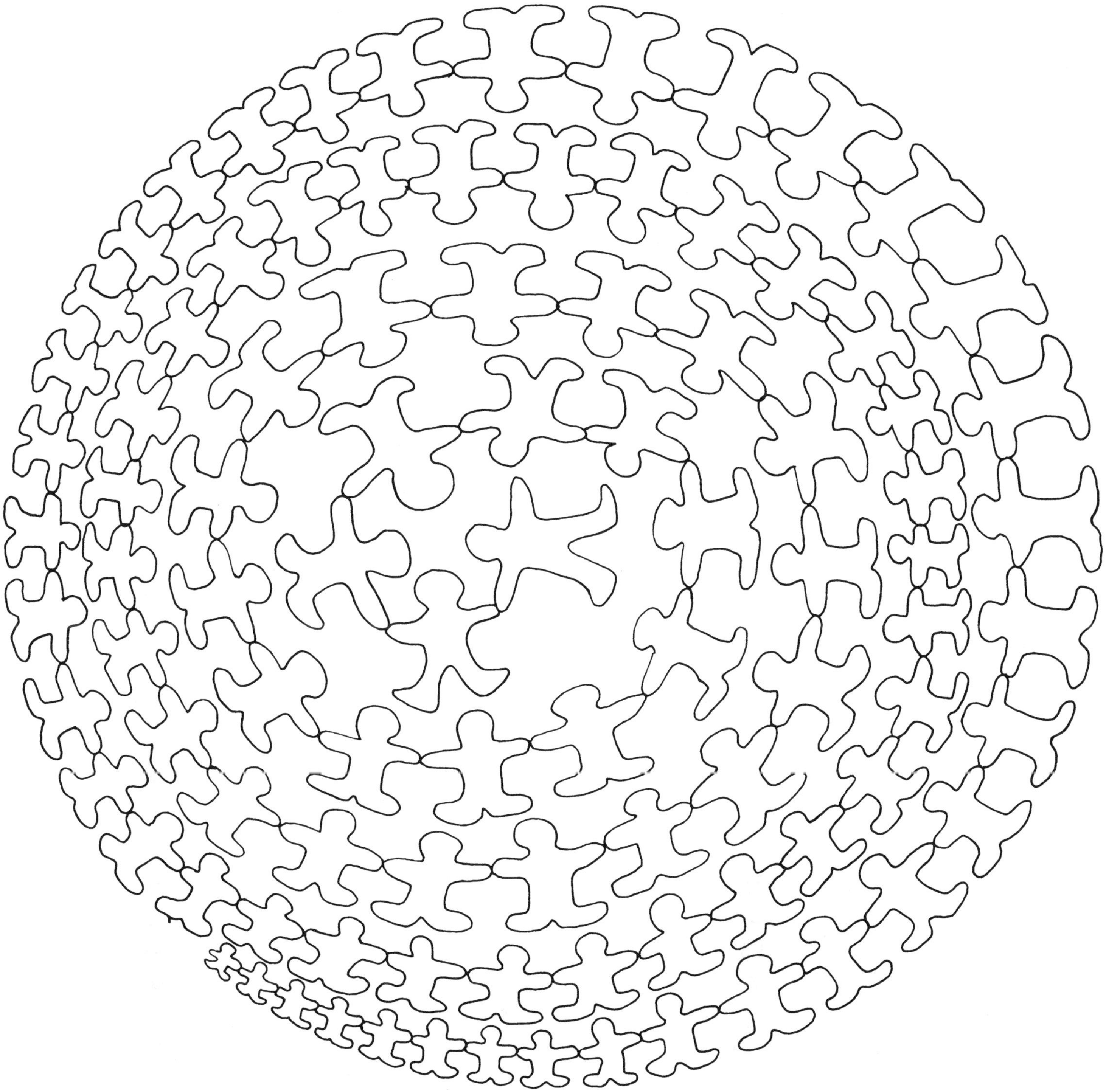

Nähe

Der Meister fragte seine Schüler, ob sie ihm sagen könnten, wann die Nacht zu Ende sei und der Morgen begonnen habe. Die Schüler wussten die Antwort nicht. Da sagte der Meister: »Die Nacht ist zu Ende, und der Morgen hat begonnen, wenn ihr in das Gesicht eines Mannes oder einer Frau seht und erkennt, daß er euer Bruder, dass sie eure Schwester ist. Denn wenn ihr das nicht könnt, dann spielt es gar keine Rolle, wo die Sonne steht, es wird doch immer Nacht sein.«

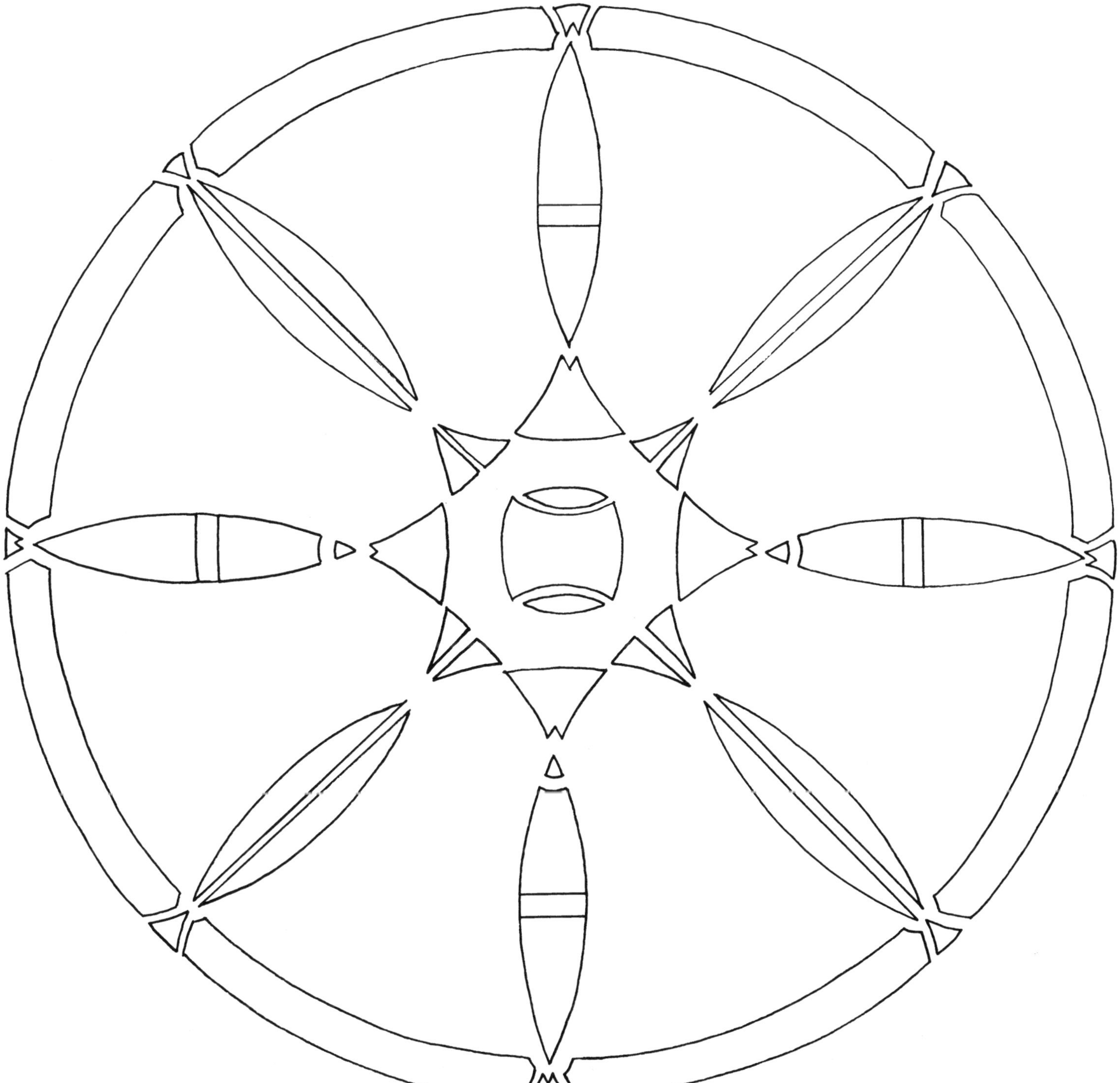

In sich heimisch sein

Mein Leben soll rein sein, ebenso wie meine Gedanken klar sein sollen. Ich will meine Schwächen erkennen und meine Stärken leben. Ich möchte in meinen beiden Welten, der äußeren wie der inneren, heimisch sein.

Spiel

Jedes Spiel, das wir spielen, ist ein Abbild des Lebens. Nur fühle ich mich im Spiel frei, während das Leben mir manchmal eng erscheint. Dieses Freiheitsgefühl will ich auch in mein äußeres Leben tragen. Erst dann kann ich wirklich so sein, wie ich bin.

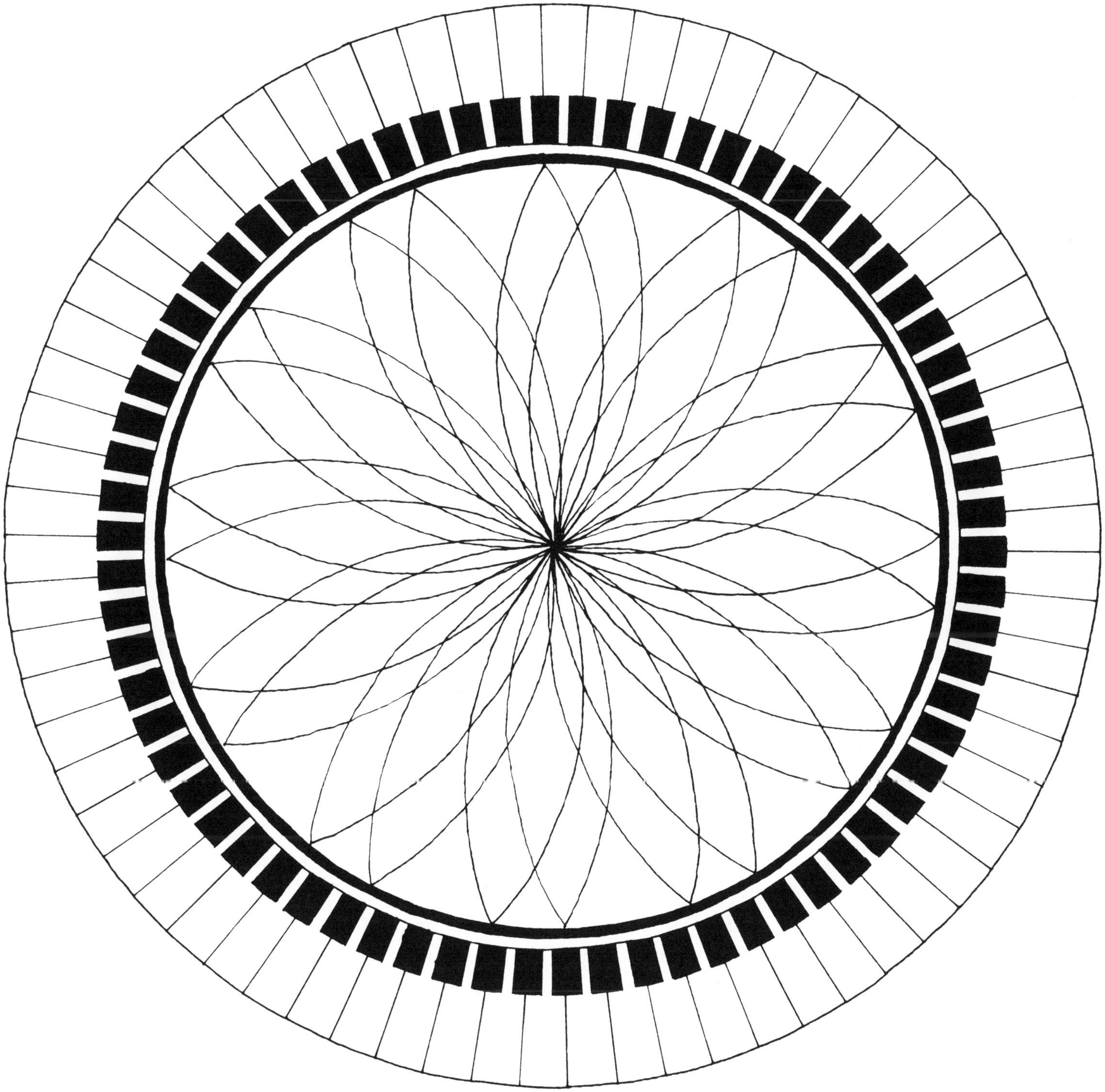

Sich selber ordnen

Krisen gehören zum Leben eines jeden Menschen. Sie können ausgelöst werden durch den Verlust eines geliebten Menschen, einen bevorstehenden Berufswechsel oder den Verlust des Arbeitsplatzes. Doch Lebenskrisen bieten wie alles, was wir zunächst als Zusammenbruch erfahren, auch die Möglichkeit des Neubeginns und der Weiterentwicklung. In solchen Situationen gilt es zunächst, sich zu sammeln und zu ordnen und dann mit Blick nach vorn seine Lebensumstände neu zu gestalten. Dieses Mandala kann dabei helfen, zur Ruhe zu kommen, um anschließend Trauerarbeit zu leisten oder Entscheidungen zu treffen, die dem Leben eine neue, positive Wendung geben.

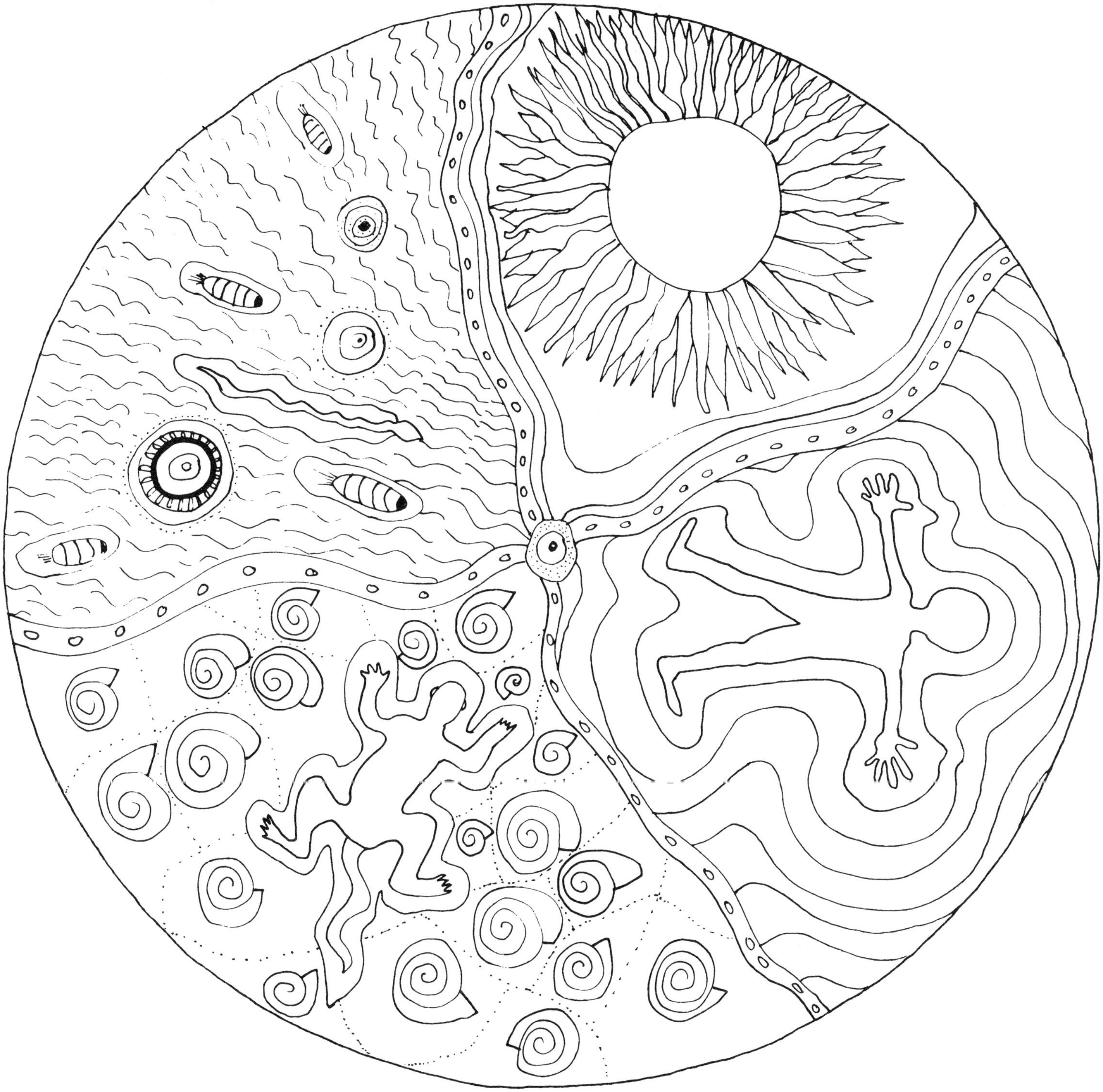

Entstehung des Lebens

Im hinduistischen Glauben ist man von alters her davon überzeugt, dass sich das Universum ausdehnt, aber auch wieder zusammenzieht. Man vergleicht hier das Entstehen und Vergehen von Lebewesen auf der Erde mit dem Atem des Gottes Brahma. Atmet Brahma ein, lässt er Geschöpfe entstehen; atmet er aus, vergeht das Leben. So befindet sich alles, was auf der Erde lebt, in einem Kreislauf, der sich immer wieder erneuert.
Hier gibt es keinen Anfang und kein Ende.

Bäume

Die blühenden Bäume symbolisieren Lebensbäume.
Diese Bedeutung hat der Baum in der Mythologie fast aller Völker.
Da das Leben des Menschen aus der Mutter hervorgeht, wird dem Baum auch ein besonders weiblicher Aspekt zugesprochen.
Wer an dieser Seite in sich arbeiten möchte,
ist in diesem Mandala gut aufgehoben.

Vogelflug

In vorgeschichtlicher Zeit war der Vogel ein Symbol für die Seele.
Der Lebensbereich der Vögel ist die Luft, das Element des Geistigen.
Sie mitteln zwischen den beiden Polen des Weltgeistes oder
des Göttlichen und dem Menschen.

Hänsel und Gretel

»Nun war schon der dritte Morgen, dass Hänsel und Gretel ihres Vaters Haus verlassen hatten. Sie fingen wieder an zu gehen, aber sie gerieten immer tiefer in den Wald, und wenn nicht bald Hilfe kam, so mussten sie verschmachten. Als es Mittag war, sahen sie ein schönes, schneeweißes Vöglein auf einem Ast sitzen, das sang so schön, dass sie stehenblieben und ihm zuhörten.«

(Aus: *Grimm, Jacob und Wilhelm:* Kinder- und Hausmärchen. Verlag Carl Überreither. Wien/Heidelberg 1963, Seite 83)

Harmonie

Hier finden wir die Vereinigung der Gegensätze, die Vollkommenheit, das Ende eines schöpferischen Prozesses und das Gefühl der Erfüllung. Wenn Sie das Bedürfnis haben, Widerstrebendes in sich auszugleichen und Widersprüche aufzuheben, ist dieses Mandala mit seinen stark harmonisierenden und zusammenführenden Kräften ideal.

Blatt 42

Blatt

Zum Leben erwacht ein Baum oder ein Strauch, wenn er im Frühjahr beginnt, seine Blätter zu entfalten. Ein Blatt mit seinen feinen Adern ist jedoch nicht nur das Abbild der sich immer wieder erneuernden schöpferischen Lebenskraft. Es ist auch ein Bild des Vergänglichen, wenn es im Herbst trocknet, vom Zweig abfällt und vom Wind fortgetragen wird.

Schildkröte

Die Schildkröte erhielt ihren Namen durch den Panzer aus Hornschilden, unter den sie sich bei Gefahr zurückziehen kann. Sie ist ein Symbol für Langsamkeit, Stabilität und Verlässlichkeit, aber auch für Weisheit und Alter. Denn es gibt kaum eine Tiergattung, die die Erde schon so lange besiedelt, und kaum eine, deren Arten so alt werden können wie sie.

Teil des Universums

Ich fühle die Gesamtheit des Universums und mein eigenes Eingebettetsein in den Kosmos. Ein Gefühl der Bescheidenheit breitet sich aus über meine Seele und meinen Geist, und ein Gefühl der Größe, Teil eines so wunderbaren Ganzen zu sein. In der Ruhe, die einkehrt, erkenne ich mich und die Aufgabe, die mir gestellt ist. Ich werde meine Lebensform nach ihr ausrichten. So werde ich völlig Teil sein können.

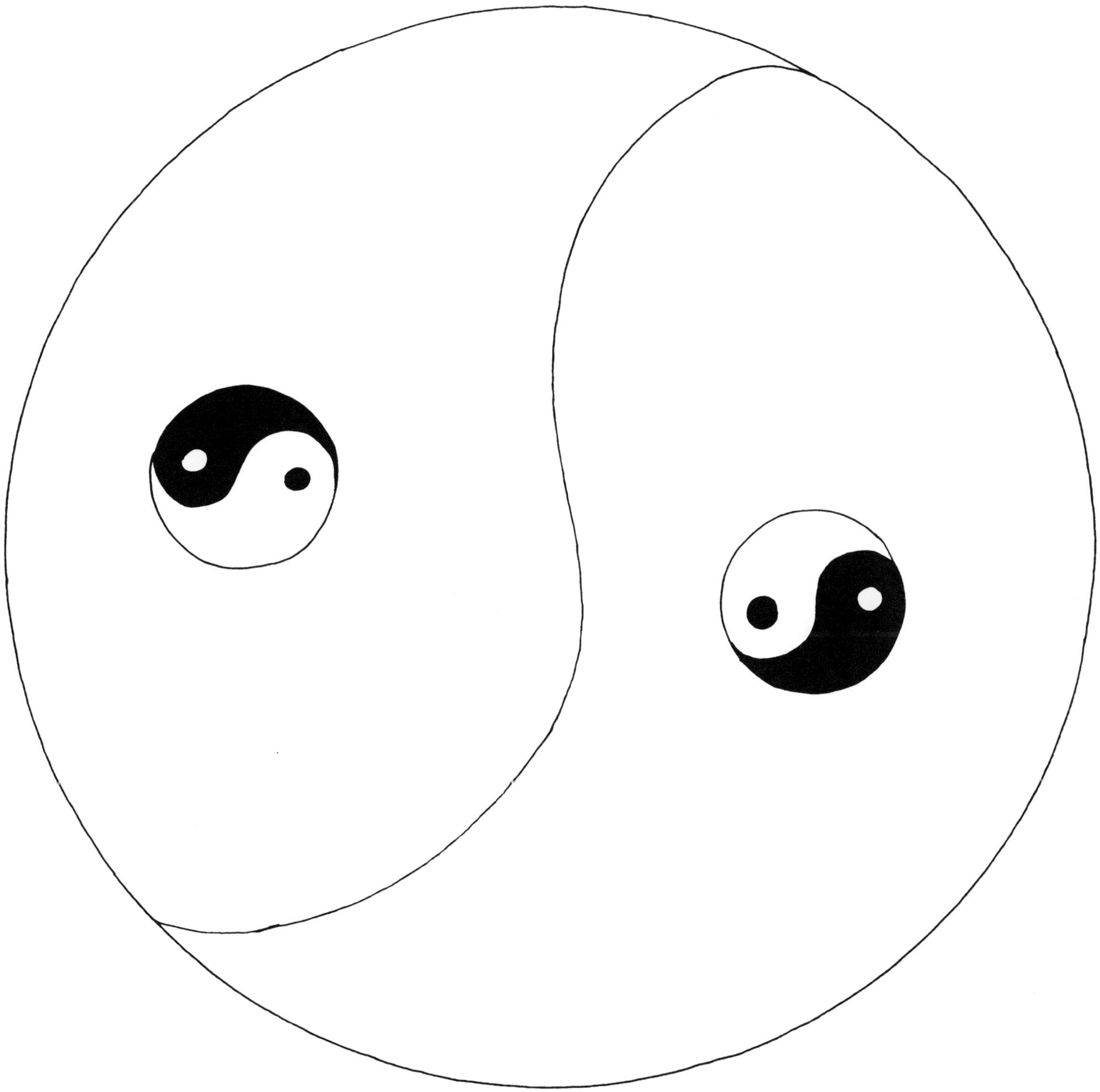

❋ Blatt 45

Yin und Yang

Yin, das weibliche, nachgiebige, erdige Prinzip, und Yang, das männliche, helle, himmlische Prinzip, sind an sich gegensätzlich und bilden doch erst zusammen ein Ganzes. Ihre Bedeutung entstammt der chinesischen Philosophie von der Beschaffenheit der Welt. So finden sich Yin und Yang in allen Wesen der Schöpfung wieder. Zusammen bilden Yin und Yang das Eine mit allen Möglichkeiten, die dem Menschen zur Verfügung stehen, mit all seinen hellen und dunklen Seiten.

Ruheinsel

Eine Insel lädt uns Suchende ein, auf ihr Halt zu machen, uns auszuruhen, über unseren weiteren Weg nachzudenken, uns über unsere inneren Ziele klarzuwerden. Jeder von uns trägt eine solche Insel im Inneren. Wir müssen uns nur dafür entscheiden, sie zu suchen. Dann werden wir sie finden.

Einheit

Jedes Mandala lehrt uns, uns als Teil des Kosmos und der kosmischen Energien zu begreifen. Sicher ist jeder Mensch an sich etwas Besonderes und Einzigartiges, doch nicht so sehr, dass er sich über das große Ganze wirklich emporheben könnte. Tatsächlich gibt es nichts auf der Welt, was uns anders als unsere Mitmenschen macht oder ausschließlich unser Eigen zu nennen wäre. Gewiss ist nur, dass wir – wie alles andere Leben in diesem Kosmos auch – werden, wachsen und vergehen.

Baum am See

Ein alter, starker Baum mit kräftigen Wurzeln steht am See und überragt mit seinen Ästen das Wasser. Nur leicht kräuseln sich die Wellen. Die Sonne geht unter und schickt die letzten wärmenden Strahlen über die stiller werdende Natur, bevor sich alles zur Ruhe begibt. Lassen auch Sie diese Ruhe in Ihr Inneres einkehren, und schenken Sie sich die Kräfte zurück, die Sie nach außen abgegeben haben.

Blatt 49

Alles Leben

Alles, was auf der Erde lebt, die Körper von Menschen, Tieren und Pflanzen, sind aus Zellen aufgebaut. Diese sind so klein, dass sie mit bloßem Auge nicht zu erkennen sind. Trotzdem wohnt diesen kleinen, kreisrunden Wesenheiten die Lebensenergie inne, aus der alles entsteht, was wir als lebendig wahrnehmen.

Sonne

In vielen Hochkulturen galt die Sonne als etwas Göttliches. Die Griechen entwarfen um ihren Sonnengott, den sie Helios nannten, einen Mythos. Jeden Morgen bei Sonnenaufgang, so hieß es, könne man Helios mit seinen Feuerpferden über den Horizont reiten sehen. Auch für die Indianer galt die Sonne als etwas Heiliges und gleichzeitig sehr Mächtiges. Denn die Sonne kann neben ihrer positiven Wirkung, die sie auf Pflanzen, Tiere und Menschen ausübt, auch großen Schaden anrichten und zu einem verzehrenden, zerstörenden Feuer werden. Die alten Völker versuchten daher, sie durch heilige Handlungen und Sonnenrituale gewogen zu stimmen.

Meditation

In diesem Mandala finden wir die Zahl Vier und ein Kreuz in der Mitte. Letzteres steht für das Weltenkreuz, das urmütterliche Substanz mit Energie verbindet und dadurch ein große und in sich ruhende Kraft ausdrückt. Die Vier ist die Zahl der Vollständigkeit, der Abgeschlossenheit und Ruhe. Dieses Mandala sammelt die rationalen Kräfte, wenn man sich zu sehr von seinen Gefühlen leiten lässt, und gleicht Verstand und Gefühl wieder miteinander aus.

Der heilige Ring

Im Leben der Indianer finden wir die Form des Kreises wieder. Sie wissen, dass die Kräfte, die die Welt bewegen, immer in Kreisen wirken, und dass alles im Kosmos danach strebt, in sich rund zu sein. Die Indianer sehnen sich daher nach der Zeit zurück, als sie frei und glücklich waren, als der »heilige Ring ihres Volkes« noch nicht zerbrochen war. Im Mittelpunkt dieses Kreises stand ein Baum. Der Kreis der vier Himmelsrichtungen nährte diesen Kreis: Der Osten schenkte Frieden und Licht, der Süden Wärme, der Westen Regen, und der Norden Kraft und Ausdauer.

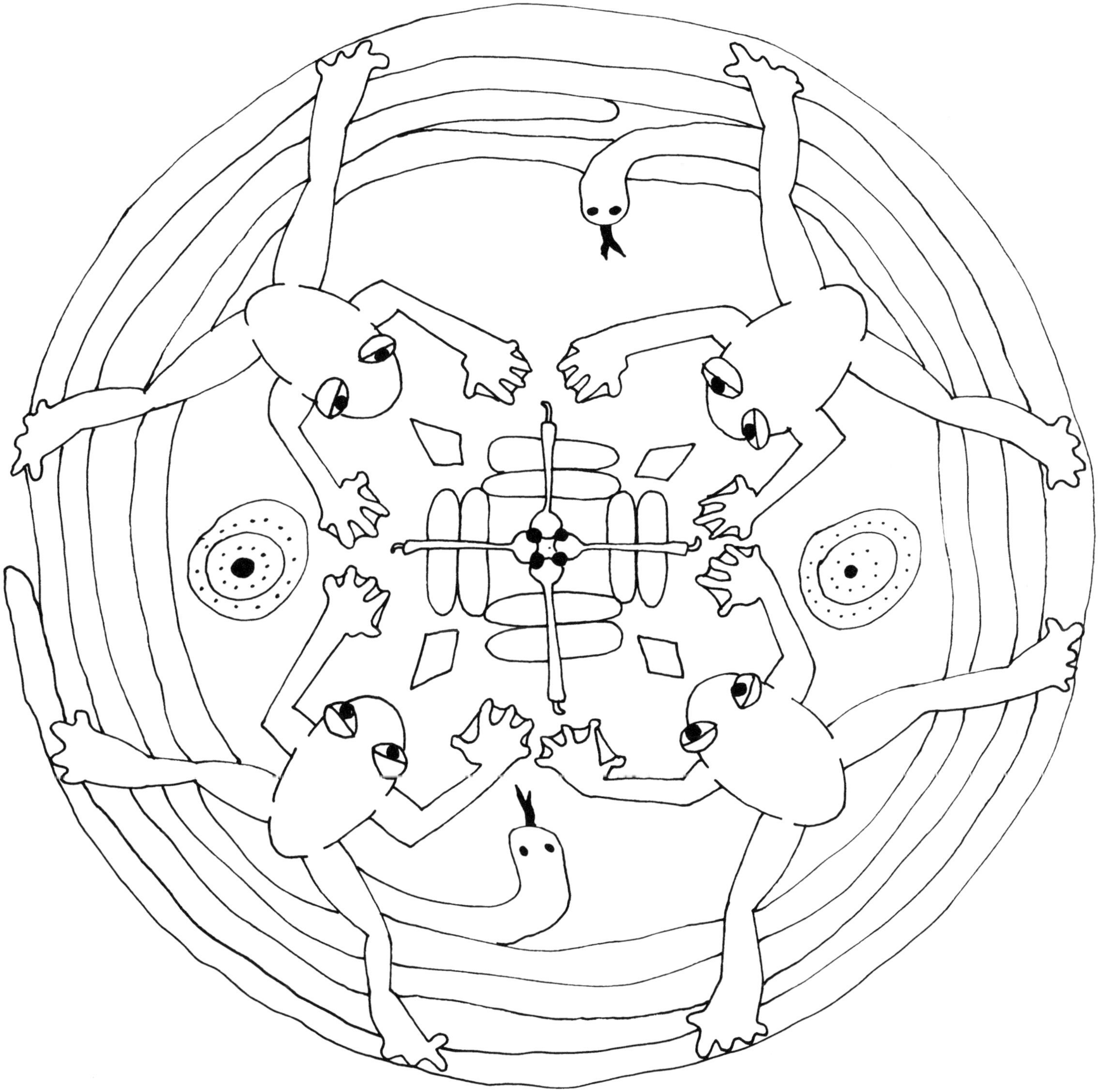

Lebenskreislauf

In einem Teich können wir beobachten, wie Leben entsteht und wie es vergeht: Die Libelle verpuppt sich, schlüpft aus, und findet nicht selten ihr Ende im Magen eines Frosches. Der Frosch ist Nahrung für Schlangen, die um den Teich herum leben, aber auch für Störche. All diese Lebewesen brauchen einander, um zu leben. Wenn nur eines von ihnen ausstirbt, ist auch das Überleben aller anderen Arten gefährdet. Uns kann dies Beispiel zeigen, dass alles, was in der Natur existiert, gut und sinnvoll ist. Aus diesem Grund müssen wir die natürlichen Lebensräume mit all ihren Tieren, die darin wohnen, schützen. Wir dürfen nie vergessen, dass auch wir Lebewesen sind, deren Fortbestand auf die Natur angewiesen ist.

❀ Blatt 54

Rose

Die Rose ist das Blumensymbol für bedingungslose Liebe und Zuneigung. Wenn Sie dieses Mandala in Rot- und Rosatönen von außen nach innen ausmalen, regen Sie die Energien Ihres Herzens an. Es hilft Ihnen dabei, offener zu werden, Wärme, Herzlichkeit und innere Ausgeglichenheit auszustrahlen.

Stärke

Wenn wir Stärke empfinden, geht es dabei nicht darum, diese im Verhältnis zu anderen zu sehen. Es gibt kein Stärker- oder Schwächersein als andere. Jeder von uns ist aus sich selbst heraus stark. Wir müssen dieses Gefühl nur wieder in unserem Inneren auffinden. Unsere Stärke liegt an jenem Ort, wo das innere Lächeln verborgen ist.

Pfeile

Alle Pfeile streben, wie von einem unsichtbaren Sog angezogen, der Mitte zu. Der Mittelpunkt bleibt für uns unsichtbar. Wir spüren nur, dass er da ist und dass eine gewaltige Kraft von ihm ausgeht. Dieses Mandala ist ideal, wenn man Probleme dabei hat, sich zu konzentrieren, oder wenn die Kraftreserven erschöpft sind. Es lenkt alle nach außen zerstreuten Kräfte auf die Mitte, auf das Selbst, und bündelt sie hier.

Lebenskraft

Ein Pferd steht für das Symbol der Lebenskraft, hat aber auch eine schützende und mütterliche Bedeutung. Denn bei den Nomadenvölkern war ein Pferd nicht nur ein Reittier. Man trank die Stutenmilch, um sich davon zu nähren, und wenn es nachts kalt wurde, wärmte man sich am warmen Leibe seines vierbeinigen Gefährten. Bei Anzeichen von Gefahr weckte das Pferd den Schläfer.
In der Vergangenheit war die Beziehung zwischen Mensch und Pferd die persönlichste zwischen Mensch und Tier. Viele Mädchen wissen ganz unbewusst um diese geheime Beziehung und leben sie heute nach.

❀ Blatt 58

Abbilder des Kosmos

Als Mikrokosmos sind wir Menschen jeder für sich in den Makrokosmos eingebunden und unterliegen seinen Regeln und Gesetzmäßigkeiten. So sind wir als kleine und in sich geschlossene Einheit immer ein Abbild des Kosmos an sich. Alles, was in ihm geschieht, spiegelt sich in uns wider. Je mehr wir unser Leben den natürlichen Abläufen angleichen, desto mehr befinden wir uns in Harmonie, desto mehr ruhen wir in uns und fühlen uns aufgehoben in der Welt, die uns umgibt.

Die innere Stimme

Meine Stimme im Inneren ist verstummt. Ich konnte sie lange Zeit nicht mehr hören. So verlor ich meinen Meister und wichtigsten Ratgeber. Es ist jetzt die Zeit, mich auf den Weg zu ihm zu machen.

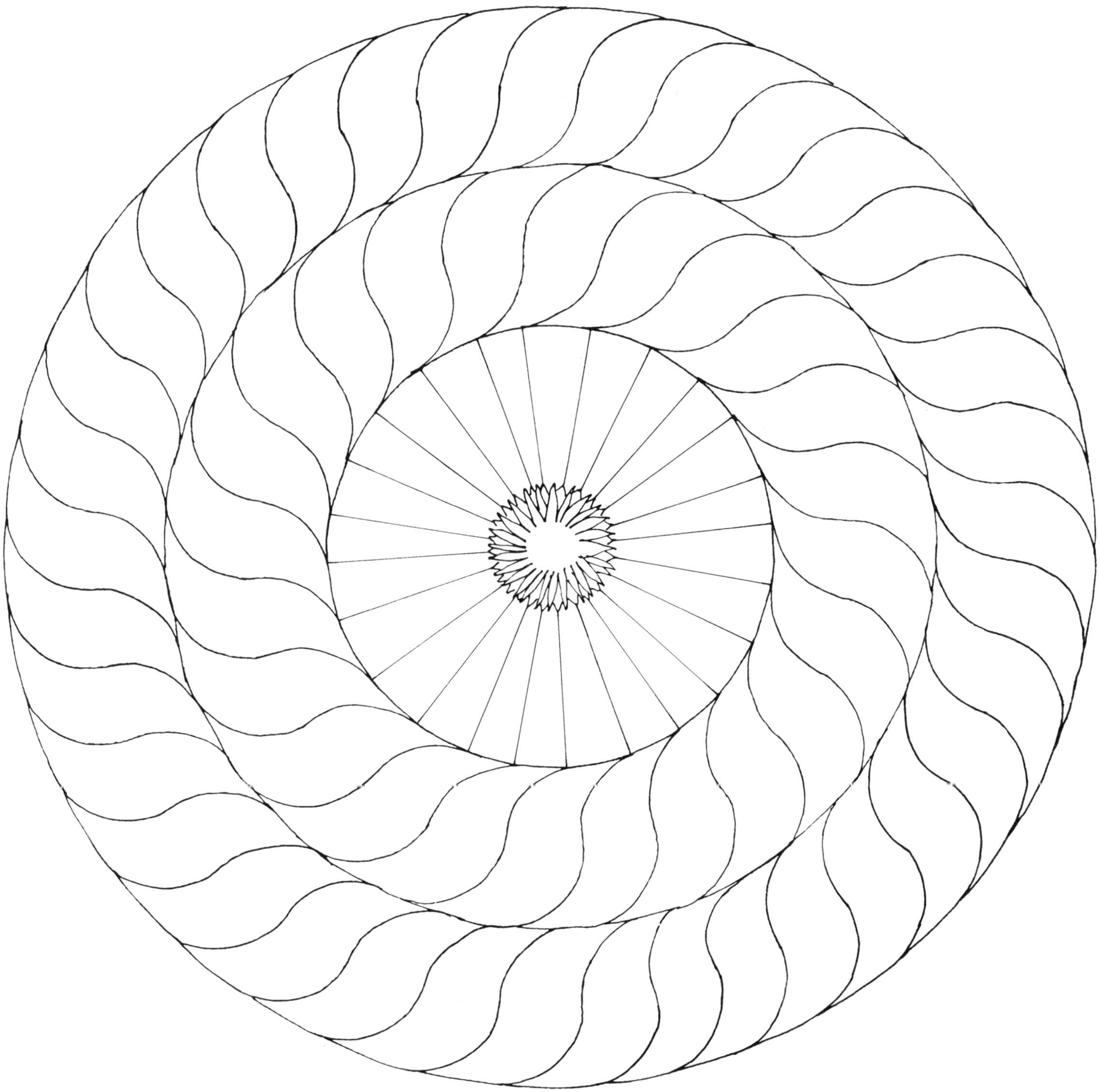

Sonnenmeditation

Wer wirklich aus seiner Mitte heraus lebt, hat den Zustand der Einigkeit und des Friedens mit sich selbst erreicht. Hier gibt es keine Zweifel, Zwiespälte, Kämpfe, Lügen, Trennung von Denken und Handeln, von Verstand und Gefühl. In allem herrschen Ganzheit und Harmonie, die sich in einem ruhigen Selbstbewusstsein mitteilen. Um dieses Gefühl zu erringen, bedarf es eines langen und manchmal mühevollen Weges, auf dem wir auch zurückgeworfen werden. Doch lohnt es sich, ihn zu beschreiten. Schließlich steht am Ende die reine Selbsterkenntnis und damit die Vollendung in Ruhe.

Tempel

Viele sakrale Bauten der Buddhisten und Lamaisten sind auf Mandala-förmigen Grundrissen errichtet. Sie sind steingewordene Zeichen dafür, dass sich das Irdische mit dem Überirdischen, die Erde mit dem Himmel vereint hat. In ihnen findet sich die Erfahrung von Einheit und Einigkeit, der Zustand des Paradieses. Das Mandala hilft uns dabei, uns an diesen Urzustand zu erinnern und durch das irdische Chaos zur kosmischen Ordnung hindurchzudringen. Wenn wir sie erreicht haben, fühlen wir uns heil und kräftig genug, das Chaos zu akzeptieren, ohne es verdrängen zu müssen. Wir sind dann imstande, unserer Umwelt gestärkt und gelassen zu begegnen.

❁ Blatt 62

Dynamik

Die Linien in diesem Mandala schwingen, und aus seiner Mitte heraus entsteht etwas Neues, eine Blüte bricht auf. Dieses Bild des Entstehens, der Lebensfreude ist ideal, wenn man das Gefühl hat, das eigene Leben sei zum Stillstand gekommen und es finde keine Weiterentwicklung statt.
Im Inneren des Kreises finden Sie die Zahl Acht, die für Stabilität, aber auch für die ewige Wandlung und Dynamik steht. Entwickeln Sie mit diesem Mandala wieder ein Gespür für Ihre Kräfte und lassen Sie sie fließen.

Spinnennetz

Arachne hieß die kunstvolle Weberin, die in der griechischen Antike lebte. Ihre Teppiche waren so schön, dass sie hochmütig wurde und damit prahlte, besser zu weben als die Göttin Pallas Athene. Als beide einen Wettstreit austrugen, arbeitete Arachne an einem Teppich, in den sie gotteslästerliche Motive einwob. Die verärgerte Göttin verwandelte sie daraufhin in eine Spinne. Ihre Töchter weben bis heute die zauberhaftesten Gespinste.

Meditation

Meine im Außen zerstreuten Energien werde ich sammeln.
Von meinen Ängsten werde ich mich befreien.

Ruhe wird in mein Herz und in meinen Geist einziehen.
Meine Spannung löst sich auf.

Das Außen ist jetzt nicht mehr wichtig.
In mir ist Sicherheit.